भेंटवार्ता और प्रेस कान्फ्रेंस

पत्रकारिता एवं जनसंचार ग्रन्थमाला-3

भेंटवार्ता और प्रेस कान्फ्रेंस

प्रो. (डॉ.) नन्दकिशोर त्रिखा

सम्पादक
रामशरण जोशी

राधाकृष्ण प्रकाशन

ISBN : 978-81-7119-842-9

भेंटवार्ता और प्रेस कान्फ्रेंस

पहला संस्करण : 1992
परिवर्तित और परिवर्द्धित संस्करण : 2003
This book is printed on **Print on Demand** Technology : 2024

मूल्य : ₹395

प्रकाशक
राधाकृष्ण प्रकाशन प्राइवेट लिमिटेड
जी-17, जगतपुरी, दिल्ली-110 051
शाखाएँ : अशोक राजपथ, साइंस कॉलेज के सामने, पटना-800 006
पहली मंज़िल, दरबारी बिल्डिंग, महात्मा गांधी मार्ग, प्रयागराज-211 001
1, अनमोल सोराबजी संतुक लेन, धोबी तलाव, मरीन लाइंस, मुम्बई-400 002
वेबसाइट : www.radhakrishnaprakashan.com
ई-मेल : info@radhakrishnaprakashan.com

BHAINTVARTA AUR PRESS CONFERENCE
by Prof. (Dr.) Nandkishore Trikha
Edited by Ram Sharan Joshi

दो शब्द

घटना से अधिक व्यक्ति की महत्ता एक सचाई है। बयान की मौलिकता और गुणवत्ता से अधिक महत्ता बयान देनेवाले की होती है। किसी विषय पर साधारण व्यक्ति द्वारा दिया गया महत्त्वपूर्ण बयान समाचार नहीं बन सकता परन्तु उसी विषय पर दिया गया बहुत ही मामूली-सा बयान विशिष्ट व्यक्ति के मुखारबिन्द से निकलने के कारण समाचार हो जाता है।

इन सचाइयों के चलते समाचार क्षेत्र में काम करनेवाले सभी लोगों के लिए महत्त्वपूर्ण और विशिष्ट व्यक्तियों से भेंटवार्ता और उनके प्रेस कान्फ्रेंस में शामिल होना कर्त्तव्य का भी अनिवार्य हिस्सा है। भेंटवार्ता लेना और प्रेस कान्फ्रेंस में शामिल होकर सही सवाल करना ऐसी कलाएँ हैं जो समाचार क्षेत्र के व्यक्ति की एक अलग पहचान बनाती है। जो इस कला में माहिर हैं, उनकी तरक्की दूसरों के मुकाबले जल्दी

और लगातार होती है।

इन कठिन कलाओं में महारत हासिल करने के लिए डॉ. नन्दकिशोर त्रिखा की यह पुस्तक हम इस विश्वास के साथ प्रकाशित कर रहे हैं कि यह नए लोगों को कला में प्रावीण्य प्राप्त करने तथा पुराने लोगों को अपनी कला माँजने में उपयोगी होगी।

जून, 2003

–शरद चन्द्र बेहार

प्राक्कथन (प्रथम संस्करण)

यह पुस्तक क्यों ?

आजादी मिलने के बाद हिन्दी भाषा और साहित्य बहुत समृद्ध हुआ है और उसमें अभिव्यक्ति की क्षमता व अभिव्यक्ति का दायरा बढ़ा है। लेखन में विविधता भी आई है तथा विज्ञान अथवा दर्शन से सम्बन्धित अनेक विषयों पर हिन्दी में बहुत कुछ लिखा जाने लगा है, लेकिन कड़वी सच्चाई यह है कि आज भी कई विषयों के अध्ययन के लिए अधिकतर अंग्रेजी भाषा में लिखी गई पुस्तकों का सहारा लेना पड़ता है। पत्रकारिता एवं जनसंचार जैसे विषयों पर भी हिन्दी में पाठ्य एवं सन्दर्भ पुस्तकें बहुत कम हैं। जो हैं, उनमें से जिन्हें पूर्ण कहा जा सके, ऐसी पुस्तकें नगण्य हैं। इसीलिए माखनलाल चतुर्वेदी राष्ट्रीय पत्रकारिता विश्वविद्यालय ने अपने उद्देश्यों एवं कार्यक्रमों में इस बात को महत्त्व दिया है कि वह हिन्दी एवं अन्य भारतीय

भाषाओं में पत्रकारिता, जनसंचार तथा विज्ञापन सम्बन्धी पाठ्य-पुस्तकें एवं सन्दर्भ-ग्रन्थ तैयार कराएगा। कोशिश तो यही है कि हिन्दी में मौलिक ग्रन्थ लिखे जाएँ, लेकिन अधिकृत माने जानेवाले कुछ ग्रन्थों का अंग्रेजी या दूसरी भाषाओं से हिन्दी में रूपान्तर भी कराया जाएगा ताकि उच्च स्तर पर अध्ययन के लिए हिन्दी में पर्याप्त सामग्री उपलब्ध हो सके। इससे शोध के कार्य को बढ़ावा मिलेगा तथा भाषा की कठिनाई के कारण उच्च अध्ययन की कठिनाई भी दूर हो सकेगी। मौलिक लेखन को प्रोत्साहित करने के लिए यह जरूरी है।

इस उद्देश्य की पूर्ति के लिए हमारा कार्य शुरू हो चुका है। फिलहाल तीन कार्यक्रम हाथ में लिये गए हैं–(1) पाठ्य-पुस्तकों का प्रकाशन, (2) सन्दर्भ-ग्रन्थों का प्रकाशन, और (3) देश में जनजागृति, समाज सुधार एवं राष्ट्रीय उत्थान के क्षेत्र में उल्लेखनीय योगदान देनेवाले अखबारों और लेखनी के धनी पत्रकारों पर पुस्तकों का प्रकाशन। इसमें सभी भारतीय भाषाओं के ख्यातनामा पत्रों एवं पत्रकारों पर लिखा जाएगा। तीनों ही प्रकार की पुस्तकों के लेखन में हमने तत्परता से पहल की है और यह पुस्तक पाठकों के हाथ में सौंपते हुए हमें अत्यधिक हर्ष हो रहा है। विद्यार्थी को इससे विशेष लाभ होगा। नये विषयों की पुस्तकें तैयार होते ही प्रकाशित होंगी। साधन सुलभ होते ही इन पुस्तकों का रूपान्तर दूसरी भारतीय भाषाओं में शुरू किया जाएगा। इसी क्रम में अन्य भारतीय भाषाओं की इन विषयों की महत्त्वपूर्ण पुस्तकों का हिन्दी में रूपान्तर कराया जाएगा। इससे भारतीय भाषाओं में परस्पर आदान-प्रदान से आपसी तालमेल स्थापित होगा तथा वे अधिक समृद्ध एवं सक्षम बनेंगी।

अपनी स्थापना के पहले ही वर्ष में इस विश्वविद्यालय ने इस महत्त्वाकांक्षी योजना को हाथ में लिया है, जिससे देश के अन्य हिस्सों के विद्यार्थी भी लाभान्वित होंगे। पत्रकारिता के व्यवसाय में लगे मित्र खासकर नए पत्रकार भी इससे लाभ उठा सकेंगे। हमारी योजना फेलोशिप देकर कुछ उपयोगी एवं आवश्यक विषयों पर बड़े ग्रन्थ तैयार कराने की भी है। इस प्रकार पत्रकारिता एवं जनसंचार की विधाओं में कुशलता बढ़ाने में तथा

उन्हें ज्यादा ऊँचाई पर पहुँचाने में मदद मिलेगी।

इस पुस्तक को तैयार करने में लेखक के अलावा इस विश्वविद्यालय के मेरे सभी सहयोगियों ने बहुत कम समय में सारे कार्य को अंजाम दिया है। वे सभी बधाई के पात्र हैं। प्रकाशक मित्र ने जिस उत्साह से कम समय में छपाई का काम किया, वह प्रशंसनीय है।

भोपाल
1991

राधेश्याम शर्मा
पूर्व महानिदेशक

• जो पूछता है वह पाँच मिनट के लिए मूर्ख होता है, जो नहीं पूछता वह सदा मूर्ख रहता है।—चीनी कहावत

• मैं छह ईमानदार सेवक रखता हूँ (जो मैं जान पाया सब इन्होंने मुझे सिखाया)। इनके नाम हैं : क्या, क्यों, कब, कहाँ, कैसे और कौन।—रुडयार्ड किपलिंग

• समस्त साधनों में उत्तम साधन है दक्षता।—महाभारत

• मैं संवाददाता के रूप में जाना जाऊँ, यह मुझे सर्वाधिक पसन्द है।

—एडगर वालेस

(प्रख्यात उपन्यासकार, नाटककार, फिल्म निर्माता और घुड़दौड़ पत्रकार)

विषय-सूची

सम्पादकीय

आधुनिक पत्रकारिता के आधारभूत स्तम्भ हैं : विविधता, गतिशीलता, सूचनात्मकता, त्वरितता, तात्कालिकता और नवीनता। आज के युग में घटनाएँ इतनी तीव्रता से घटित होती हैं कि कई बार उनके साथ ताल से ताल मिलाए रखना कठिन हो जाता है। अतः आधुनिक जीवन के लिए पत्रकारिता को निरन्तर प्रासंगिक बनाए रखने के लिए विभिन्न माध्यमों का सहारा लिया जाता है। इस दृष्टि से भेंटवार्ता 'इंटरव्यू' और प्रेस कान्फ्रेंस (प्रेस पत्रप्रतिनिधि सम्मेलन) काफी उपयोगी माध्यम हैं। 21वीं सदी की त्रिआयामी पत्रकारिता (मुद्रण, इलेक्ट्रॉनिक न्यूज चैनल और इंटरनेट) में इन दोनों विधाओं का महत्त्वपूर्ण स्थान है। इन दोनों विधाओं के अभाव में मीडिया अधूरा ही रहेगा। इसलिए मीडियाकर्मी के लिए यह आवश्यक है कि वह इन दोनों विधाओं की दक्षता से सम्पन्न रहे।

भेंटवार्ता और प्रेसवार्ता, दोनों स्वतन्त्र विधाएँ हैं। पर दोनों एक-दूसरे की पूरक भी हैं। इन विधाओं के बीच सबसे बड़ी समानता यह है कि दोनों

ही मूलतः प्रश्न-उत्तर प्रक्रिया पर आधारित हैं। अतः दोनों विधाओं को प्रभावशाली ढंग से संचालित करने के लिए पत्रकार का प्रश्न-कला में निपुण होना जरूरी है। यदि एक पत्रकार को प्रश्न तैयार करना, प्रश्न पूछना और वांछित उत्तर प्राप्त करने का तरीका नहीं आता है तो वह एक अच्छा व सफल संवाददाता या भेंटकर्ता नहीं बन सकेगा। क्योंकि प्रेसवार्ता या प्रेस कान्फ्रेंस में प्रश्न की रचना, उसका आकार, उसकी सम्प्रेषणीयता, उत्प्रेरकता और उद्देश्यपरकता जैसे तत्त्वों पर काफी ध्यान रखा जाता है। इन तत्त्वों के अभाव में प्रश्नकर्ता का प्रश्न पिट भी सकता है। लेकिन यदि प्रश्न वजनदार है तो उत्तरदाता उसकी आसानी से उपेक्षा नहीं कर सकता। यही बात भेंटवार्ता पर भी लागू होती है।

भेंटवार्ता या साक्षात्कार या इंटरव्यू की रीढ़ ही होती है प्रश्न-उत्तर प्रक्रिया। जहाँ प्रेसवार्ता में अनेक संवाददाता कई प्रकार के प्रश्न करते हैं और एक व्यक्ति उत्तर देता है, वहीं भेंटवार्ता में एक व्यक्ति प्रश्न करता है और दूसरा उसका उत्तर देता है। प्रेसवार्ता की विधा का सम्बन्ध अनेक व्यक्तियों से रहता है जबकि भेंटवार्ता की विधा केवल दो व्यक्तियों (प्रश्नकर्ता व उत्तरदाता) के बीच सीमित रहती है। पर दोनों ही विधाएँ प्रश्न व उत्तर प्रक्रिया से संचालित होती हैं।

एक वक्त था जब प्रेसवार्ता महत्त्वपूर्ण घोषणाओं या महत्त्वपूर्ण अवसरों के लिए ही बुलाई जाती थी। लेकिन आज प्रेसवार्ता का आयोजन एक सामान्य बात हो गई है। राष्ट्र की राजधानी दिल्ली और प्रदेश की राजधानियों में राजनीतिक प्रेसवार्ताओं का जोर अधिक रहता है। प्रमुख राजनीतिक पार्टियाँ प्रायः प्रतिदिन अपने मुख्यालयों पर 'प्रेस ब्रीफ्रिंग' (प्रेस कान्फ्रेंस का ही एक रूप) आयोजित करती हैं और संवाददाताओं को अपनी गतिविधियों से अवगत कराती हैं। प्रेस ब्रीफ्रिंग काफी दिलचस्प होती है और अपने विरोधी दल या प्रतिद्वन्द्वी दल पर जमकर आरोपों के प्रहार किए जाते हैं। ठीक उसी समय दूसरा राजनीतिक दल अपने मुख्यालय में प्रेस ब्रीफ्रिंग के माध्यम से अपने विरोधी दल पर जमकर बरस रहा होता है; यह दिलचस्प नजारा नई दिल्ली में कांग्रेस और भारतीय जनता पार्टी के

मुख्यालयों में प्रतिदिन नियमित रूप से देखा जा सकता है। प्रदेश राजधानियों की भी कमोबेश यही स्थिति रहती है।

प्रेसवार्ता या प्रेस ब्रीफ्रिंग के मामले में विदेश मन्त्रालय, रक्षा मन्त्रालय और सूचना प्रसारण मन्त्रालय अन्य मन्त्रालयों की तुलना में अधिक सक्रिय रहते हैं। विदेश मन्त्रालय की तो नियमित रूप से प्रेस ब्रीफ्रिंग होती है जिसमें विश्व की प्रमुख घटनाओं के सम्बन्ध में भारत की प्रतिक्रियाओं से पत्र प्रतिनिधियों को अवगत कराया जाता है। युद्धकाल में विदेश मन्त्रालय के साथ-साथ रक्षा मन्त्रालय भी निरन्तर सक्रिय रहता है। 1971 के पूर्ण स्तरीय भारत-पाक युद्ध और 1999 की क्षेत्रीय स्तरीय कारगिल लड़ाई के दौरान विदेश मन्त्रालय और रक्षा मन्त्रालय प्रायः संयुक्त रूप से नियमित ब्रीफ्रिंग किया करते थे।

जब से देश में आतंकवाद का दौर शुरू हुआ है तब से प्रेसवार्ता और प्रेस ब्रीफ्रिंग की आवृत्ति (फ्रिक्वेंसी) भी बढ़ी है। इस दृष्टि से गृह मन्त्रालय की प्रेस ब्रीफ्रिंग में तेजी आई है। कई बार ऐसा भी होता है जब एक ही घटना का सम्बन्ध तीनों मन्त्रालयों (गृह, रक्षा और विदेश) से एक साथ रहता है। एक ही दिन में तीनों मन्त्रालयों की अलग-अलग ब्रीफ्रिंग होती हैं और संवाददाताओं को काफी सतर्क रहना पड़ता है। आतंकवादग्रस्त क्षेत्रों (जम्मू-कश्मीर, असम सहित अन्य पूर्वांचल क्षेत्र आदि) में दिन में दो-दो, तीन-तीन प्रेस ब्रीफ्रिंग का होना आम बात हो गई है। इसी तरह महानगरों (दिल्ली, बम्बई, कलकत्ता, चेन्नई आदि) और लघु महानगरों (बैंगलोर, अहमदाबाद, हैदराबाद आदि) में बढ़ते अपराध की घटनाओं और बिगड़ती कानून एवं व्यवस्था की स्थिति को लेकर भी पुलिस मुख्यालयों में नियमित रूप से प्रेस ब्रीफ्रिंग की जाती है। संवेदनशील घटनाओं (साम्प्रदायिक दंगे, जातीय संघर्ष, जातिगत दंगे आदि) में लगातार वृद्धि के कारण पत्रकार, विशेष रूप से संवाददाता, की जिम्मेदारी पहले से कहीं अधिक बढ़ गई है। इस तरह की घटनाओं को लेकर प्रेसवार्ताएँ भी अक्सर होती रहती हैं। यही स्थिति भेंटवार्ता या साक्षात्कार की है। वर्ष 2002 के गुजरात दंगों के दौरान इन दोनों विधाओं का प्रयोग काफी हुआ। केन्द्रीय

और प्रदेश स्तरीय नेताओं ने प्रेसवार्ताओं और साक्षात्कारों के माध्यम से साम्प्रदायिक दंगों से सम्बन्धित विभिन्न पहलुओं पर अपने विचार व्यक्त किए। इस तरह की भेंटवार्ताओं और प्रेसवार्ताओं का कवरेज भी कम जोखिम भरा नहीं होता है क्योंकि जरा-सी असावधानी या गलत जानकारी का प्रकाशन समाज के लिए घातक सिद्ध हो सकता है। अतः इस तरह की घटनाओं से सम्बन्धित भेंटवार्ताओं या प्रेसवार्ताओं के कवरेज के मामले में काफी सतर्कता की आवश्यकता होती है। अंडरवर्ल्ड या माफियाओं से सम्बन्धित खबरों का एकत्रीकरण भी कम जोखिम भरा नहीं होता है। समाज में अपराध प्रवृत्तियों के बढ़ने के साथ-साथ अपराधी सरगनाओं या माफियाओं के मीडिया ग्लैमरीकरण की प्रक्रिया भी जमकर प्रचलित हुई है। माफिया सरगनाओं के साक्षात्कारों को प्रकाशित किया जाता है। न्यूज चैनलों पर उनके चित्र और आवाजों को प्रसारित किया जाता है। पत्रकारों की इच्छा रहती है कि ऐसे तत्त्वों से गुप्त रूप से भेंटवार्ता या प्रेसवार्ता आयोजित कराई जाए ताकि कोई सनसनीखेज सामग्री अपने ग्राहकों को परोसी जा सके। इस तरह की भेंटवार्ताएँ या प्रेसवार्ताएँ कई प्रकार के खतरों से भरी हुई होती हैं। आतंकवादियों के मामले में भी पत्रकार की उत्सुकता और सक्रियता कम उल्लेखनीय नहीं है। पत्रकारों ने आतंकवादियों और उग्रवादियों के साथ गुप्त प्रेसवार्ताएँ कीं या उनकी भेंटवार्ताएँ कीं और उन्हें प्रकाशित भी किया।

इलेक्ट्रॉनिक मीडिया के उदय व प्रचलन के साथ प्रेसवार्ता और भेंटवार्ता के चरित्र में भी गुणात्मक परिवर्तन आया है। आज विशिष्ट व्यक्ति की भेंटवार्ता का भी सीधा प्रसारण होता है। सीधे प्रसारण की प्रक्रिया ने इन दोनों विधाओं को पहले से अधिक सहज व अनौपचारिक बना दिया है। आज चैनल का साक्षात्कारकर्ता अपने अतिथि से उसके सीधे डायनिंग टेबल या ड्राइंगरूम में बैठकर वार्ता करता है और वहीं से उसका सीधा प्रसारण भी करता है। एक प्रकार का अनौपचारिक परिवेश चारों ओर बिखरा हुआ दिखाई देता है। अतः पत्रकार से यह अपेक्षित है कि वह इन दोनों विधाओं में पारंगत हो। क्योंकि चैनल के लिए भेंटवार्ता या

प्रेसवार्ता का कवरेज अखबार के कवरेज से बिल्कुल भिन्न है। इलेक्ट्रॉनिक माध्यम के लिए कवरेज के दौरान समय, गति, त्वरितता, सटीक भाषा, शब्दों की मितव्ययता, मुद्रा संयोजन और प्रभावशाली सम्प्रेषणीयता के बीच रचनात्मक तालमेल की आवश्यकता होती है। अतः चैनल के लिए भेंटकर्ता से यह भी अपेक्षित है कि वह नाट्यधर्मिता से भी परिचित हो। न्यूज चैनल के लिए प्रेसवार्ता कवर करनेवाले संवाददाता से यह भी अपेक्षा की जाती है कि उसके प्रश्न छोटे और स्पष्ट होने चाहिए। क्योंकि प्रश्न जितने लम्बे और उलझे हुए होंगे, सम्प्रेषणीयता उतनी ही कमजोर होगी। प्रायः नेता तथा अन्य विशिष्ट व्यक्तियों के उत्तर लम्बे होते हैं। इसकी वजह यह है कि ये लोग 'प्रिन्ट माध्यम' की भाषा के अभ्यस्त हैं। न्यूज चैनल के आरम्भ होने से पहले प्रिन्ट माध्यम ही मुख्य हुआ करता था। इसके संवाददाता इत्मीनान के साथ प्रेसवार्ता या इंटरव्यू किया करते थे। लेकिन अब इस स्थिति में बुनियादी अन्तर आ चुका है। न्यूज चैनल के संवाददाता की सम्बोधनकर्ता से 'चन्द सैकेंडों या मिनटों' की 'बाइट' की माँग रहती है। यह संवाददाता चाहता है कि नेता कैमरे के सामने सीमित और स्पष्ट भाषा में अपनी बात कहें। पिछले कुछ वर्षों में इस स्थिति में अनुकूल परिवर्तन भी हुआ है। कई बार यह भी देखा गया है कि सम्बोधक ने सर्वप्रथम इलेक्ट्रॉनिक मीडिया के पत्रकारों के लिए अलग से संक्षिप्त शब्दों में अपनी बात कैमरे के सामने कही। इसके बाद ही उन्होंने प्रिन्ट मीडिया के पत्रकारों के साथ लम्बी चर्चा की और विस्तार में प्रश्नों के उत्तर दिए। इसका यह अर्थ हुआ कि प्रेसवार्ता को सम्बोधित करने या साक्षात्कार देनेवाले विशिष्टगण भी अब नई मीडिया की जरूरतों के मुताबिक स्वयं को बदल रहे हैं और अभिव्यक्ति के नये मुहावरे सीख रहे हैं। अतः पत्रकार और विशिष्ट व्यक्ति, दोनों ही नये मीडिया के अनुसार पुरानी कार्यशैलियों में जरूरी परिवर्तन कर रहे हैं। आज यह दोनों विधाएँ पहले से अधिक जटिल, तकनीकी प्रधान और विशेषीकृत हो गई हैं। इसलिए इनमें विशेष दक्षता की आवश्यकता है।

विशिष्टीकरण के इस युग में पत्रकार से यह अपेक्षा की जाती है कि

वह उन्हीं विषयों का कवरेज करे जिसमें उसकी दक्षता है। प्रायः यह देखा गया है कि संवाददाता विषय की पूर्ण तैयारी के बिना ही प्रेसवार्ता में पहुँचते हैं या साक्षात्कार लेने लग जाते हैं। उदाहरण के लिए, आर्थिक व वित्तीय मामलों से सम्बन्धित प्रेसवार्ता को कवर करने के लिए संस्कृति या खेल संवाददाता पहुँच जाते हैं। इसी प्रकार खेलों से सम्बन्धित प्रेसवार्ता के लिए राजनीतिक संवाददाता को भेज दिया जाता है। इसका परिणाम यह निकलता है कि सम्बन्धित संवाददाता विषय से सम्बन्धित सटीक प्रश्न नहीं कर पाता है। प्रायः हिन्दी पत्रकारिता में यह कमी काफी खलती है। क्योंकि हिन्दी पत्रकारिता मूलतः राजनीति और साहित्य-संस्कृति प्रधान रहती है अतः अन्य क्षेत्रों (अर्थ, वित्त, ज्ञान-विज्ञान, रक्षा मामले, विदेश मामले, पर्यावरण, विकास, उद्योग, कृषि आदि) के 'कवरेज' के लिए आवश्यक दक्षता का अभाव बना रहता है। साक्षात्कार विषय की भी कमोबेश यही स्थिति है; आए दिन हिन्दी की पत्र-पत्रिकाओं में राजनेताओं, साहित्यकारों, कलाकारों, अभिनेताओं-अभिनेत्रियों, खिलाड़ियों आदि के साक्षात्कार प्रकाशित होते रहते हैं, लेकिन अर्थशास्त्रियों, समाजशास्त्रियों, वैज्ञानिकों, उद्योगपतियों जैसों के साक्षात्कार कम दिखाई देते हैं। क्योंकि तकनीकी प्रधान विषयों से सम्बन्धित व्यक्तियों से साक्षात्कार लेने के लिए अच्छी तैयारी और विशेष कौशल की आवश्यकता होती है।

भूमंडलीकरण के युग में विषय-विविधताओं का विस्फोट हुआ है। संचार और सूचना माध्यमों का विस्तार हुआ है। लेकिन इससे चीजें पहले से अधिक जटिल भी हुई हैं। जटिलता की चुनौती का सामना करने के लिए विशेषीकृत दक्षता की आवश्यकता होती है। अतः तकनीकी प्रधान विषयों से सम्बन्धित प्रेसवार्ताओं और भेंटवार्ताओं के लिए बहुआयामी निपुणता अर्जित की जानी चाहिए। सम्प्रेषण-तकनोलॉजी में क्रान्तिकारी परिवर्तन ने सम्पूर्ण कवरेज प्रक्रिया को पहले से अधिक गतिशील बना दिया है; अहर्निश समाचार प्रसारण चैनलों (आज तक, जी न्यूज, एनडीटीवी आदि) के शुरू होने से समाचार-संकलन की प्रक्रिया पेचीदा होने के साथ-साथ तीव्र प्रतिस्पर्धात्मक भी बन चुकी है। आज संवाददाता से यह

अपेक्षा की जाती है कि वह प्रेसवार्ता या भेंटवार्ता की सामग्री अविलम्ब प्रेषित करें। कई अवसरों पर प्रेसवार्ता और भेंटवार्ता का सीधा प्रसारण (लाइव टेलीकास्ट) करना पड़ता है। संवाददाता को चाहिए कि वह ऐसे अवसरों के कवरेज की विशेष तैयारी करे और आवश्यक दक्षता से सम्पन्न होकर प्रेसवार्ता या भेंटवार्ता के लिए पहुँचे। अखबार के संवाददाता को भी पहले से अधिक सक्रिय व गतिशील होने की आवश्यकता है। वर्तमान दौर में उससे यह अपेक्षा की जाती है कि वह 'लैपटॉप' से ही प्रेसवार्ता या भेंटवार्ता की सामग्री को प्रेषित करे। क्योंकि जहाँ इससे समय की बचत होती है वहीं सामग्री का मुद्रण अधिक सुविधाजनक हो जाता है। यह एक नई चुनौती है जिसका कोई विकल्प नहीं है और न ही संवाददाता या भेंटकर्ता इससे पलायन कर सकता है।

जून, 2003

–रामशरण जोशी

भेंटवार्ता और प्रेस कान्फ्रेंस

1
भेंटवार्ता का महत्त्व

निपुण भेंटकर्ता हुए बिना कोई पत्रकार कुशल संवाददाता नहीं बन सकता। विश्व के सर्वाधिक विख्यात पत्रकार श्रेष्ठ भेंटकर्ता भी रहे हैं। वाटरगेट जैसी अनेक विस्फोटक घटनाओं के उद्घाटन में भेंटवार्ता का महत्त्वपूर्ण योगदान रहा है। वास्तव में अच्छा समाचार संकलन अधिकांशतः भेंटवार्ताओं पर आधारित होता है। सूत्रों से भेंट किए बगैर लिखे गए समाचार अधूरे, कम सन्तुलित और कम अर्थपूर्ण होते हैं।

एक विख्यात संवाददाता मॉरिस फेगेंस ने अपने संस्मरणों में लिखा है कि "अपनी पुरानी डायरियों का अध्ययन करने पर मैंने पाया कि मेरे पत्रकारिता-कार्य का दो-तिहाई समय भेंटवार्ता में गुजरा था। ऑरिगन विश्वविद्यालय के प्रोफेसर केन मेन्तजर की स्थापना है कि अच्छी रिपोर्टों

का 80 प्रतिशत हिस्सा भेंटवार्ताओं पर आधारित होता है।

लेकिन, हमारे देश में शायद 20 प्रतिशत समाचार संकलन भी भेंटवार्ताओं के आधार पर नहीं हो रहा है। अधिसंख्य समाचार सरकारी और गैर-सरकारी विज्ञप्तियाँ, वक्तव्य, पुलिस द्वारा दी गई अपराधों की जानकारी, नेताओं के भाषण और संसद व विधानमंडलों की कार्यवाहियों के विवरण मात्र होते हैं। लोक हितों की रक्षा और नागरिक के सूचना के अधिकार के प्रति सजग पत्रकारिता के लिए यह स्थिति वांछनीय नहीं है।

यथार्थ के सभी पहलुओं और आयामों का पूरा उद्घाटन सभी सम्बद्ध पक्षों से सीधे जानकारी लिये बिना नहीं हो सकता है। और, यह जानकारी इनसे साक्षात्कार करने से ही, चाहे वह आमने-सामने बैठकर किया जाए या टेलीफोन पर, मिल सकती है। भेंटवार्ता सत्य को उजागर करने का सर्वाधिक भरोसेमन्द और शक्तिशाली उपाय है।

वैसे तो इसके सैकड़ों उदाहरण हैं, लेकिन प्रमुख भारतीय पत्रकार स्वर्गीय धनंजय राव मानकेकर का 1935 का एक संस्मरण बड़ा सटीक है। श्री मानकेकर उस समय कराची में 'सिन्ध आब्ज़र्वर' के कनिष्ठ रिपोर्टर थे। उनके प्रतियोगी पत्र 'डेली गेज़ेट' ने कराची के एक धनाढ्य पारसी के पुत्र का अपराधियों द्वारा अपहरण किए जाने का समाचार प्रकाशित किया। इस खबर से शहर में भय और आतंक की लहर फैल गई। यह खबर सारे शहर में चर्चा का विषय बन गई। धनी परिवारों को विशेष रूप से पसीने आने लगे। लेकिन श्री मानकेकर के लिए चिन्ता की बात यह थी कि 'डेली गेज़ेट' के उस अनन्य समाचार से उनका पत्र पिट गया था और यह समाचार न देने के लिए उन्हें दोषी माना जा सकता था।

श्री मानकेकर ने इस चिन्ता को मन में पाले पुलिस से पूछताछ की, जिसने ऐसी किसी घटना की जानकारी होने या किसी के द्वारा अपने लड़के के गायब होने की शिकायत किए जाने से इन्कार किया। श्री मानकेकर चाहते तो सिर्फ पुलिस के इस कथन के आधार पर 'डेली गेज़ेट' की खबर का खंडन छापकर अपने कर्त्तव्य की इतिश्री मान लेते। मगर एक अच्छे रिपोर्टर की तरह उन्होंने इससे सन्तोष नहीं किया। वे धनी पारसी के घर

गए। पहले यह सोचकर कि अपने पुत्र के अपहरण की चिन्ता में डूबे पिता की सम्भावित प्रतिक्रिया क्या होगी, वे घबराकर उसके घर के आसपास चक्कर लगाते रहे। फिर हिम्मत बटोरकर उससे मिले। लेकिन उन्हें आश्चर्य हुआ कि 'अपहृत' लड़के का पिता तनिक भी चिन्तित नहीं था। उससे बात की तो पता चला कि लड़के का अपहरण हुआ ही नहीं, वह तो परीक्षा से बचने के लिए खुद ही कहीं भाग गया था। पिछले दो वर्षों से वह परीक्षाओं के समय बीमारी का बहाना बनाता रहा है। यह बहाना अब और नहीं चल सकता था, इसलिए उसने अपहरण का नाटक करने की यह चाल चली।

हुआ यह कि लड़के ने घर से भागकर पिता को एक पत्र लिखा कि उसे जबरन अपहृत कर लिया गया है। अगर एक सप्ताह के भीतर एक लाख रुपए नहीं दिये गए तो उसे मार डाला जाएगा। इस पत्र की एक प्रति उसने 'डेली गेज़ेट' के सम्पादक को भी भेज दी। सम्पादक महोदय ने इतना पता चलते ही कि लड़के के पिता को यह पत्र मिला है, उस पर खबर बना डाली।

इसके विपरीत श्री मानकेकर ने लड़के के पिता से आमने-सामने विस्तृत भेंटवार्ता करके पूरी जानकारी ली। दूसरे दिन जब 'सिन्ध आब्ज़र्वर' ने मामले की असलियत अपने पहले पृष्ठ पर छापी तो 'डेली गेज़ेट' को उसके अगले दिन अपने पहले पृष्ठ पर अपनी गलत खबर के लिए कराची के नागरिकों से माफी माँगनी पड़ी।

इस प्रकार एक पत्रकार भेंटवार्ता के जरिए सच्चाई के घर तक पहुँचा तो दूसरे ने इसकी उपेक्षा करके अधकचरा, असन्तुलित और एकतरफा जानकारी के आधार पर झूठी खबर दे डाली। एक पत्र ने भेंटवार्ता के फलस्वरूप अपनी प्रतिष्ठा बढ़ाई, दूसरे ने इसका अवलम्बन न करने से उसे गँवा दिया।

मात्र भेंट नहीं

लेकिन, भेंटवार्ता लोगों से भेंट करना मात्र नहीं है। खाली बातचीत भी भेंटवार्ता नहीं हो जाती। यह एक निश्चित उद्देश्य से किया गया समालाप

है। इसमें समालाप्य और समालापक के बीच एक अदृश्य तीसरा पक्ष विद्यमान रहता है। वही मुख्य पक्ष भी है। उसी की ओर से, और उसके लिए ही, समालाप किया जाता है। भेंटवार्ता बातचीत जरूर है पर इसमें सिर्फ आपसी विचार-विनिमय नहीं होता। इसका उद्देश्य इस तीसरे पक्ष, अर्थात् पाठकों या श्रोताओं, के लिए सही सन्दर्भ में संगत और अर्थपूर्ण जानकारी प्राप्त करना है। यह उद्देश्य अपने आप पूरा नहीं होता। ऐसी जानकारी अनायास या सहज ही प्राप्त नहीं होती। इसे पाने के कुछ तरीके हैं। कुछ विधियाँ हैं। कुछ किस्म की चेष्टाएँ करनी होती हैं। पत्रकारों के लम्बे अभ्यास-जनित अनुभव ने इसे एक निश्चित हुनर का रूप दे दिया है।

एक कला

अतः भेंटवार्ता, साक्षात्कार या समालाप एक कला है, जिसमें कतिपय बौद्धिक कौशल का इस्तेमाल किया जाता है। यह एक प्रविधि है जिसमें कुछ खास विधियों का प्रयोग होता है। और, एक अंश में तो इसे एक उभरती हुई मानव-वैज्ञानिक प्रक्रिया भी माना जा सकता है क्योंकि इसे नियोजित एवं नियन्त्रित किया जा सकता है। कुशल भेंटकर्ता इसके परिणामों का पूर्वानुमान लगा सकते हैं या इसे अभीष्ट परिणामों की ओर बहुत हद तक निर्देशित कर सकते हैं।

केवल इस कला में प्रवीणता के आधार पर संवाददाता की योग्यता का मूल्यांकन किया जा सकता है। कुछ सम्पादक तो नये रिपोर्टरों के बारे में निर्णय भेंटवार्ता विधा में उनकी रुचि तथा इसे निष्पादित करने के तरीकों की उनकी जानकारी के आधार पर करते हैं। मंजे हुए संवाददाता की निपुणता की परख तो अच्छा साक्षात्कार करने की उसकी योग्यता से बेहतर किसी पैमाने से नहीं की जा सकती।

फिर भी मॉरिस फेगेंस का कहना है कि बहुत सारे पत्रकार नहीं जानते कि भेंटवार्ता कला का सचमुच इतना महत्त्व है। "आश्चर्य की बात है कि पत्रकार नहीं समझते कि भेंटवार्ता एक कला है या इसमें किसी विशेष

तकनीक अपनाने की जरूरत होती है। उनसे भेंटवार्ता के उनके तरीके पूछिए तो वे कहेंगे कि उनके तरीके कोई हैं ही नहीं। हो सकता है कि विशिष्ट तरीकों के बिना भी वे अच्छे परिणाम पा जाते हों लेकिन यह महसूस किए बगैर वे बड़े भेंटवार्ताकार नहीं बन सकते कि भेंटवार्ता एक तकनीक है और इसके लिए बड़े कौशल का होना जरूरी है।"

अनिवार्य अंग

भेंटवार्ता पत्रकारिता का अनिवार्य अंग है। संवाददाता के कार्य में इसका प्रमुख स्थान है। प्रत्येक पत्रकार को इसमें गहन अभिरुचि का विकास यत्नपूर्वक करना चाहिए और इसे एक अनिवार्य व्यावसायिक हुनर मानकर इसमें दक्षता प्राप्त करनी चाहिए। इसके बिना उसकी पत्रकारिता पंगु और प्रभावहीन रहेगी। वह कभी सुयोग्य और प्रतिष्ठित संवाददाता नहीं बन पाएगा।

भेंटवार्ता पत्रकारिता में द्विपक्षीय संचार का सबसे सबल और भरोसेमन्द साधन है। सीधे संवाद से निकले समाचार सर्वाधिक विश्वसनीय और अनिंद्य रूप में स्वीकार्य होते हैं। इस संचार प्रक्रिया से सत्य के निकटतम पहुँचा जा सकता है और उसका सर्वाधिक सुनिश्चितता के साथ उद्घाटन किया जा सकता है। सत्य के उद्घाटन से होनेवाले लोक-कल्याण के साथ-साथ सम्बद्ध पत्रकार, उसके पत्र और सम्पूर्ण पत्रकारिता की विश्वसनीयता इससे बढ़ती है। यदि भेंटवार्ताएँ रिपोर्टिंग का अनिवार्य अंग बन जाएँ तो इसका एक अप्रत्यक्ष बड़ा लाभ होगा। वह यह कि सत्ता के विभिन्न अंग रिपोर्टिंग की इस विधा क` दबाव के कारण अधिक सावधान, सतर्क और सक्रिय होने लगेंगे। इससे उनकी कुशलता बढ़ने और प्रशासन में निर्मलता आने की आशा की जा सकती है।

अकुशल कर्मी, काहिल और भ्रष्ट अधिकारी, सिद्धान्तहीन राजनीतिज्ञ और समाजविरोधी तत्त्व जहाँ साक्षात्कार में सक्रिय और कुशल पत्रकार से खौफ खाते हैं, वहाँ ईमानदार और सेवाभावी लोग उसका स्वागत करते हैं। वे ऐसे पत्रों और पत्रकारिता की इज्जत करते हैं। दोनों ही परिस्थितियों

में पत्रकारिता में निखार आता है और वह लोकहित की ज्यादा प्रखर संवाहक बनती है। एक परोक्ष लाभ यह भी होता है कि इससे खुद पत्रकार और उसका पत्र अधिक जिम्मेदार बनता है।

साक्षात्कार तकनीक के प्रयोग का अभाव भारतीय पत्रकारिता का सबसे कमजोर पक्ष है। इस कमजोरी को दूर किए बिना उसमें अपेक्षित प्रखरता एवं प्रबलता नहीं आ सकती। सम्पादकों को चाहिए कि वे अपने संवाददाताओं से साक्षात्कार को समाचारों का मुख्य आधार बनाने की अपेक्षा करें और उन्हें इसके लिए अधिकाधिक अवसर प्रदान करें। उधर, संवाददाताओं को चाहिए कि वे अपने में भेंटवार्ता का हुनर यत्नपूर्वक विकसित करें।

2
भेंटवार्ता की विधियाँ

साक्षात्कार मोटे तौर पर दो प्रकार के होते हैं। एक, व्यक्तित्व सम्बन्धी साक्षात्कार। दो, ठोस समाचारों के लिए साक्षात्कार। दोनों प्रकार के साक्षात्कार किसी नवीन या रोचक जानकारी की खोज में किए जाते हैं।

किन्तु, व्यक्तित्व सम्बन्धी साक्षात्कार में रोचकता, स्थाई महत्त्व की जानकारी अथवा ज्ञान के किसी विशिष्ट क्षेत्र के इतिहास के अभिलेख को समृद्ध करनेवाली बातें उजागर होने की अपेक्षा और सम्भावना विशेष रूप से रहती है। दूसरे प्रकार के साक्षात्कार का उद्देश्य ही नई जानकारी निकलवाना, साक्ष्य एकत्र करना, प्राप्त जानकारी की पुष्टि करना, घटनाओं का प्रत्यक्षदर्शी विवरण लेना, उन पर प्रतिक्रियाएँ प्राप्त करना तथा घटनाओं के कारण और उनसे जुड़े पात्रों की भूमिकाओं का पता लगाना होता है।

आपके प्रदेश, नगर या गाँव के किसी व्यक्ति को कोई प्रतिष्ठित पुरस्कार मिला हो, या सम्पूर्ण देश अथवा विदेशों में विख्यात कोई सम्मान्य व्यक्ति, जिसने साहित्य, कला, राजनीति, उद्योग-वाणिज्य, अर्थ-नीति, समाज-सेवा, सामाजिक-सांस्कृतिक आन्दोलन, विज्ञान, राजनय, क्रीड़ा आदि के किसी क्षेत्र में कीर्ति अर्जित की हो, आपके नगर में आए तो उससे बात करना रंजक और उपयोगी सिद्ध होगा। ऐसे समालाप में उसके व्यक्तित्व के अन्दर झाँकने का प्रयास किया जाता है।

उसने यह ऊँचाई कैसे पाई ? इसके लिए उसने कैसी और कितनी साधना की ? वे गुण जिन्होंने उसे यह ख्याति दिलाई उसने सोच-समझकर और यत्नपूर्वक विकसित किए अथवा उसे सहज प्राप्त हो गए थे ? उसे यह सफलता सरल-स्वाभाविक रूप से अनायास प्राप्त हुई या इसके लिए उसे खून-पसीना एक करना पड़ा ? क्या उसने कभी यह कल्पना की थी कि उसे किसी दिन यह उपलब्धि हासिल होगी या यह एक सुखद आश्चर्य के रूप में एकाएक प्रगट हुई ?

उस व्यक्ति की निजी, पारिवारिक, सामाजिक पृष्ठभूमि क्या रही है ? जीवन की किन विडम्बनाओं का उसे सामना करना पड़ा है ? ऐसे किन सुखों और पीड़ाओं की उसे अनुभूति हुई है, जिन्हें वह अविस्मरणीय पाता है ? सम्मान और सफलताओं ने उसके जीवन को किस प्रकार बदला है, या फिर उसमें कोई बदलाव नहीं आया ? वह किन अन्य व्यक्तियों या चरित्रों से प्रभावित हुआ था ? उसने किन्हें, कितना प्रभावित किया ? उसकी भावी योजनाएँ और आकांक्षाएँ क्या हैं ?

यदि वह साहित्यकार है तो वह अपनी रचनाओं का स्वयं कैसा मूल्यांकन करता है ? अगर राजनयिक है तो वह कूटनीति या अन्तर्राष्ट्रीय सम्बन्धों की ऐसी किन घटनाओं को इतिहास को मोड़ देनेवाली मानता है जिन्हें होते उसने स्वयं देखा है या उनके घटने में वह भागीदार रहा है ? अगर वह आविष्कर्ता वैज्ञानिक है तो आविष्कार के किन पहलुओं को

अद्भुत, विस्मयकारी या क्रान्तिकारी पाता है ? अगर खिलाड़ी है तो उसके द्वारा ऊँचे कीर्तिमान छूने का रहस्य क्या है ? अन्य समकालीन खिलाड़ियों के बारे में उसकी क्या राय है ?

इस प्रकार की विभिन्न जानकारियाँ पाने की असीम सम्भावनाएँ व्यक्तित्व-साक्षात्कारों में होती हैं। इनसे समालाप्य विशिष्ट-व्यक्ति के निजी जीवन, चरित्र, स्वभाव, मनोभाव, विचार-दर्शन, कृतित्व और भावी योजनाओं का पता किया जा सकता है। यह जानकारी दूसरों के लिए मार्गदर्शक और प्रेरक तो हो ही सकती है, कभी-कभी इससे बड़े रहस्यों का भी उद्‍घाटन होता है। कई महत्त्वपूर्ण अंतरंग बातें जो अब तक समालाप्य व्यक्ति के मन-मस्तिष्क में छिपी पड़ी थीं, उजागर हो जाती हैं। कभी-कभी कुछ विशिष्ट भेंटदाता, विशेषकर राजनीतिज्ञ और राजनयिक जानबूझकर कुछ बातें भेंटवार्ता के दौरान छेड़ देते हैं, जिसे वह वक्तव्यों या भाषणों के जरिए नहीं कह सकते। जैसे, पूर्व प्रधानमन्त्री श्री चन्द्रशेखर ने एक भेंटवार्ता में कहा कि उनके शासन में राष्ट्रपति भवन से हस्तक्षेप हो रहा था।

इस प्रकार व्यक्तित्व-साक्षात्कार समाचार-पत्रों में रंग, रोचकता और रौनक लाते हैं। ये सुरुचिकर, प्रेरक अथवा ज्ञानवर्धक भी होते हैं और अनेक बार इनसे वर्षों से छिपे रोमांचक और दूरगामी महत्त्व के तथ्यों का उद्‍घाटन होता है। इसलिए, संवाददाता और अखबार को समाज के विशिष्ट और अग्रणी व्यक्तियों से साक्षात्कार करने के हर अवसर की तलाश करनी चाहिए। ऐसे लोगों के बाहर से आने पर ही नहीं बल्कि संवाददाताओं को दूर-दूर तक उनके पास भेजकर ऐसे साक्षात्कार प्राप्त करने चाहिए। इससे पत्र की प्रतिष्ठा बढ़ती है। कुछ अखबार तो भारी खर्च और मेहनत करके ऐसे साक्षात्कार पाने का यत्न करते हैं।

ठोस समाचारों के साक्षात्कार

नब्बे प्रतिशत से अधिक साक्षात्कार ठोस समाचारों के सम्बन्ध में होते हैं। दुर्भाग्य से, भारत में यह अपेक्षाकृत कम हो रहा है। फलतः अधिकांश

समाचार अधूरे, एक-पक्षीय अथवा पुलिस या अन्य 'अधिकृत सूत्रों' के बनकर रह जाते हैं। संवाददाता का साक्षात्कार करने जैसा स्वतन्त्र प्रयास इसमें प्रायः पासंग भर होता है।

ठोस समाचारों के चौखटे को साक्षात्कार के मजबूत पायों पर खड़ा किया जाना चाहिए। 'अधिकृत सूत्रों' की चूल उसमें भले ही डाली जाए ताकि कोई कमजोरी हो तो कस जाए, मगर केवल सरकारी सूत्रों या अन्य एक-पक्षीय जानकारी पर खबर कदापि नहीं बनाई जानी चाहिए। पुलिस सूत्रों का निश्चय ही महत्त्व है क्योंकि अक्सर किसी घटना की प्रथम सूचना उनसे मिलती है। परन्तु, इस सूचना को अन्तिम और पूर्ण नहीं मान लिया जाना चाहिए जैसा किं अनेक समाचारों, विशेषकर अपराध समाचारों, में हो रहा है।

एक उदाहरण : 28 जुलाई, 1991 के समाचार-पत्रों में सागर (म.प्र.) से एक संवाद समिति का समाचार प्रकाशित हुआ—'दुश्मन को फँसने के लिए दो बेटियों की हत्या'। दिल को दहला देने वाले इससे ज्यादा जघन्य अपराध की कल्पना करना कठिन है।

समाचार में कहा गया कि हत्यारे पिता ने खेत में बने दहलान में सो रही 10 और 13 साल की बेटियों की हत्या करने के बाद अपने छोटे भाई पर दबाव डाला कि वह इन हत्याओं के लिए अमुक चार व्यक्तियों के खिलाफ, जिन्हें वह अपना दुश्मन मानता था, पुलिस में रपट लिखाए। रपट में लिखाया जाए कि ये लोग लड़कियों के पिता की हत्या करने के इरादे से आए थे और दहलान में उसे सोया समझकर उन्होंने लड़कियों को मार डाला। कथित हत्यारे ने भाई को धमकी दी कि उसने ऐसी रपट न लिखाई तो वह उसे भी मार डालेगा। खबर को इतनी-सी और बात के साथ समाप्त कर दिया गया कि 'हत्यारे बाप को गिरफ्तार कर लिया गया है'। इस संवाद का एकमात्र सूत्र पुलिस थी।

पत्रकारिता का तकाजा था कि इस वीभत्स कांड की जानकारी मिलते ही संवाददाता घटनास्थल की ओर दौड़ पड़ते। वहाँ लोगों से बात करके घटना की सच्चाई, परिस्थितियों व परिवेश का प्रत्यक्ष पता लगाते। इतनी

अमानवीय घटना के लिए, जिसके सही होने का सहज विश्वास नहीं होता, केवल पुलिस द्वारा दी गई जानकारी को आखिर सत्य क्यों मान लिया गया ? पुलिस का कथन नितान्त सच हो तो भी ऐसी घटना पर स्थल से रिपोर्ट किए बिना सन्तोष कर लेना पत्रकारिता नहीं है।

सवाल है कि अगर पिता ने ही अपनी पुत्रियों की हत्या की थी तो क्या सिर्फ अपने दुश्मनों को फाँसने के उद्देश्य से यह असम्भव दुष्कृत्य किया ? पिता ही हत्यारा था या नहीं, इसका फैसला अदालत पर छोड़ दिया जाए तो भी पाठकों को यह तो बताया ही जाना चाहिए था कि हत्या का वास्तविक कारण क्या था। क्या कथित हत्यारा स्वस्थ मानसिक हालत में था ? उसका पारिवारिक जीवन तो दुखी नहीं था ? उसकी आर्थिक हालत तो ऐसी नहीं थी जिसकी वजह से लड़कियों से मुक्ति पाने के लिए उसने यह जघन्य अपराध कर डाला हो ? किसी और व्यक्ति ने या उसके दुश्मनों ने ही तो यह काम नहीं किया ? अपने भाई और उसके परिवार के साथ उसके सम्बन्ध कैसे थे ? उसकी पत्नी, भाई, अन्य सम्बन्धियों, आस-पड़ोसवालों और जिन्हें दुश्मन बताया गया है उन सबका इस घटना के बारे में क्या कहना है ? कथित हत्यारे का पूर्व में आचरण कैसा रहा है ? जीवनयापन के लिए वह क्या करता था ? उसका स्वभाव कैसा है ? गाँव के लोगों की इस घटना पर क्या प्रतिक्रिया है ? अब उसके परिवार में कौन लोग बचे हैं और उनका भरण-पोषण कौन करेगा ?

इस तरह के जरूरी सवालों के उत्तर खबर को पूरा करने और उसे अर्थ देने के लिए अनिवार्य थे। और, ये घटनास्थल पर अनेक संगत व्यक्तियों से साक्षात्कारों के बाद ही मिल सकते थे। यही नहीं, भेंटवार्ता से निकली बातें गाँव में सामाजिक सम्बन्धों, आर्थिक हालात या अपराध-स्थिति वगैरह के बारे में कुछ और ठोस समाचारों या समाचार रूपकों की विषय वस्तुओं का आधार बन सकती थीं।

एक और उदाहरण : पूजीकला चाको ज़करिया नामक भारतीय वैज्ञानिक को अमेरिका का आप्रवासन (इमीग्रेशन) विभाग वहाँ से निकालना चाहता था। उसने ज़करिया को भारत वापस भेजने का आधार

यह बनाया कि अमेरिका में ऐसी कोई नौकरी उपलब्ध नहीं है जिसकी योग्यता अमेरिकी अभ्यार्थियों में न हो। ज़करिया ने इसे चुनौती दी। मामला संघीय अदालत में गया। लेकिन, इससे पहले ही आप्रवासन की 'बीट' करनेवाले रिपोर्टर को इसका पता चल गया। उसने ज़करिया से साक्षात्कार किया। एक विदेशी द्वारा अपनी योग्यता के भरोसे अत्यन्त सशक्त अमेरिकी प्रशासन से लोहा लेने की यह घटना अपने आप में रोमांचक थी। निश्चय ही यह एक अच्छी खबर थी।

रिपोर्टर ने न सिर्फ ज़करिया से भेंटवार्ता छापी और उसके संघर्ष का विवरण कई किश्तों में दिया बल्कि अपने यहाँ की नौकरशाही की कमियों का भंडाफोड़ भी किया। ज़करिया ने अदालत में यह सिद्ध कर दिखाया कि अमेरिका में 'फ्यूज़न एनर्जी विज्ञान' के विशेषज्ञों की सचमुच कमी है। इसलिए, अमेरिकी कानून के अनुसार उसे वहाँ काम करने की अनुमति दी जानी चाहिए। जज ने इसे सही पाया। मुकदमा खारिज हो गया। भारतीय वैज्ञानिक अपने हक की लड़ाई जीत गया। अमेरिकी रिपोर्टर को साक्षात्कार के अपने प्रयासों से एक नहीं कई ऐसी खबरें मिलीं जिनसे उसके प्रतियोगी अखबार वंचित रहे। इतना ही नहीं, उसे इस बात का सन्तोष भी मिला और उसके पत्र को प्रतिष्ठा, कि ये समाचार सुदूर भारत के समाचार-पत्रों में भी प्रकाशित हुए।

वास्तव में अमेरिका में हुई इस घटना के समाचार का अनुवर्तन (फॉलोअप) भारत में भी होना चाहिए था। कम से कम केरल के समाचार-पत्र जहाँ के ज़करिया निवासी थे, उनके परिजनों, मित्रों, अध्यापकों आदि से साक्षात्कार करके अपने पाठकों को अत्यन्त रोचक समाचार दे सकते थे। केरल के लोग इनके छपने पर अपने एक सह-प्रान्तीय के इस सफल संघर्ष पर गर्व का अनुभव करते।

प्रायोजित भेंटवार्ताएँ

कुछ साक्षात्कार स्वयं भेंटदाता या उसके जनसम्पर्क तथा सूचना अभिकर्ताओं द्वारा प्रायोजित किए जाते हैं। इनसे ठोस समाचार निकल

सकते हैं या केवल भेंटदाता के बारे में जानकारी प्राप्त होती है। ऐसे साक्षात्कारों से संवाददाता को यह तसल्ली तो होती है कि उसे और उसके पत्र या संवाद समिति को महत्त्व दिया गया है किन्तु ऐसे साक्षात्कार प्रायः भेंटदाता के लिए प्रचार का साधन होते हैं। इसी उद्देश्य से वे इनका आयोजन करते हैं। संवाददाताओं को उनकी उपेक्षा तो नहीं करनी चाहिए। लेकिन लिखते समय सतर्क अवश्य रहना चाहिए ताकि उसमें ठोस तथ्य कम और भेंटदाता की प्रशंसा ज्यादा न हो जाए।

निजी पहल पर भेंटवार्ता

ऐसे साक्षात्कारों के लिए कई प्रकार की सम्भावनाएँ होती हैं। यथा,

(क) महत्त्वपूर्ण नियुक्तियों, नई योजनाओं, नए अनुसन्धानों सम्मानों और पुरस्कारों आदि की घोषणाओं के बाद सम्बद्ध व्यक्तियों से साक्षात्कार।

(ख) घटनाओं का पीछा करने के क्रम के लिए साक्षात्कार। जैसे; हत्या, लूट, डकैती, अग्निकांड, रेल-सड़क-विमान-नाव दुर्घटनाएँ होने पर, महत्त्वपूर्ण व्यक्तियों को अदालतों में सजाएँ होने पर या उन्हें बरी किए जाने पर प्रभावित या अन्य व्यक्तियों से साक्षात्कार।

(ग) अनुवर्तन (फॉलो-अप) के रूप में साक्षात्कार। जैसे; किन्हीं महत्त्वपूर्ण नीतियों या कार्यक्रमों की घोषणाओं, संसद या विधानमंडल या स्थानीय निकायों में उठाई गई बातों, विदेशों में घटित घटनाओं के अपने देश में असर; सरकारी, गैर-सरकारी प्रतिवेदनों, पुस्तकों में किए गए रहस्योद्घाटनों आदि पर साक्षात्कार।

(घ) बजट, मूल्यवृद्धि, राजनीतिक विग्रह, आदि पर प्रतिक्रियाएँ प्राप्त करने के लिए साक्षात्कार।

भेंटवार्ता की तैयारी

भेंटवार्ता दोतरफा परीक्षा है—समालाप्य की ही नहीं संवाददाता की भी, कदाचित संवाददाता की अधिक भेंटदाता की कम। इसलिए इसकी

सफलता के लिए संवाददाता द्वारा समालाप्य से सम्बन्ध साधने के बाद पर्याप्त और सही तैयारी कर लेना जरूरी है। तैयारी के बावजूद साक्षात्कार के सन्तोषजनक रूप से सम्पन्न न हो पाने की सम्भावना हमेशा रहती है। चूँकि इसका शत-प्रतिशत अनुमान नहीं लगाया जा सकता कि भेंटवार्ता कब क्या रूप लेगी, इसलिए अपनी ओर से समुचित व पर्याप्त तैयारी रहनी चाहिए।

तैयारी मुख्यतः दो प्रकार की होनी चाहिए—एक समालाप्य के बारे में, और दो, बातचीत के विषय के बारे में। वैसे तीसरी किस्म की तैयारी भी होनी चाहिए और वह है संवाददाता के अपने व्यक्तित्व के सम्बन्ध में तैयारी।

आप जिस व्यक्ति से भेंट करने जा रहे हैं उसके वर्तमान की ही नहीं, अतीत की जानकारी भी आपको होनी चाहिए। उसकी विशेषताएँ जानिए; उसकी उपलब्धियों से अपने को अवगत करिए; उसकी रुचियों-अरुचियों का पता लगाइए; उसके गुणों और कमियों के बारे में जानकारी प्राप्त करने की कोशिश कीजिए। उसका स्वभाव जानिए—क्या वह सीधा-साधा ईमानदार व्यक्ति है या चतुर-चालाक अल्पभाषी है या ज्यादा बोलने में आनन्द पाता है ? अन्तर्मुखी है या बर्हिर्मुखी ?

इसी तरह वार्ता के विषय की जानकारी आपको होनी चाहिए ताकि समालाप्य को यह विश्वास हो कि वह जो कहना चाहता है उसे आप समझ रहे हैं। विषय की मोटी जानकारी आपको अवश्य होनी चाहिए। तभी आप अपने लक्ष्य के मुताबिक बातचीत को आगे बढ़ा सकेंगे। तभी आपके सवाल उत्पादक होंगे। तभी आप दिग्भ्रमित किए जाने या चौंधियाने के समालाप्य के प्रयासों को भाँप सकेंगे तथा उससे वह जानकारी निकलवा पाएँगे जो आप चाहते हों, न कि वह जो समालाप्य आपको देना चाहता है।

समालाप्य व्यक्ति के बारे में जानने के लिए आप उसके परिचितों, सहकर्मियों, मित्रों और उसे जाननेवाले अन्य लोगों से पता लगा सकते हैं।

अगर वह महत्त्वपूर्ण और प्रतिष्ठित व्यक्ति है तो परिचय-पुस्तकों, निर्देशिकाओं, उसकी अपनी रचनाओं-लेखों आदि से जानकारी मिल सकती है। अपने वरिष्ठ पत्रकार सहयोगियों और सम्पादकों से भी उसके बारे में पूछ लेना उपयोगी हो सकता है।

इसी तरह विषय पर उपलब्ध सन्दर्भ सामग्री, कतरनों, फाइलों, पुस्तकों को देखें। ऐसा कोई विषय नहीं है जिसके बारे में अच्छे पुस्तकालयों या सन्दर्भ विभागों में कुछ-न-कुछ जानकारी न मिले। विषय पर समालाप्य द्वारा पूर्व में व्यक्त विचार जानना बहुत उपयोगी रहता है। वास्तव में भेंटवार्ता में सर्वोपरि बाधा तब पैदा होती है जब भेंटदाता इस बात के बारे में आश्वस्त न हो कि भेंटकर्ता वार्ता के लिए बौद्धिक रूप से सक्षम है और वह उसका समय ही नष्ट नहीं करेगा। साथ ही वह यह भी सुनिश्चित कर लेना चाहता है कि वार्ता का परिणाम उसके लिए उपयोगी होगा। इसका आश्वासन उसे आपकी तैयारी से प्रकट आत्मविश्वास से मिलता है। आपका यह आत्मविश्वास या उसका अभाव समालाप के शुरू में ही झलकने लगता है।

यहाँ दो उदाहरण उपयुक्त होंगे। दोनों ही भारत के सर्वोच्च न्यायालय के प्रधान न्यायाधीशों से मेरी भेंटवार्ताओं के निजी अनुभवों पर आधारित हैं। न्यायमूर्ति श्री सव्यसाची मुखर्जी की प्रधान न्यायाधीश के पद पर नियुक्ति की घोषणा होते ही मैंने उनसे साक्षात्कार के लिए समय देने का अनुरोध किया। उनके निजी सहायकों ने मेरा नाम, काम, पद, पता और टेलीफोन नम्बर सबकुछ लिख लिया और आश्वस्त किया कि निर्णय होते ही मुझे सूचित कर दिया जाएगा। वैसे भी श्री मुखर्जी अभी किसी को इन्टरव्यू नहीं दे रहे थे।

दूसरे दिन तक फोन न आने पर मैंने अपना अनुरोध स्मरण कराया। निजी सहायक ने बताया कि अनुरोध 'लॉर्डशिप के विचाराधीन है'। लेकिन, साथ ही मुझसे पूछ डाला कि बातचीत किस भाषा में होगी—अंग्रेजी में या हिन्दी में। मैंने 'नवभारत टाइम्स' के लिए समय माँगा था इसलिए मैं समझ गया कि पेंच कहाँ पड़ा होगा। अतः अब मैंने थोड़े आक्सफोर्डी लहजे में

तपाक से कहा, 'आई थिंक, आइ कैन टॉक इन इंग्लिश विद हिज़ लार्डशिप।' अब उसने हिन्दी में पूछा—इन्टरव्यू हिन्दी में छपेगा या अंग्रेजी में भी ? मैंने अबकी ज्यादा दृढ़ता से जवाब दिया—'आइ वर्क फॉर अ हिन्दी पेपर। आइ विल पब्लिश इन हिन्दी ओनली एंड आय एम श्योर हिज लॉर्डशिप इज अवेअर दैट 'नवभारत टाइम्स' इज अ वेरी लार्जली सरक्युलेटेड डैली'। फिर कुछ घंटों में ही उसी सहायक का फोन आया कि 'न्यायमूर्ति आपसे कल शाम पौने छह से छह बजे तक मिलेंगे।'

श्री सव्यसाची मुखर्जी के बड़े भाई श्री पी.बी. मुखर्जी भी कलकत्ता उच्च न्यायालय के जज रहे हैं। वे एक विख्यात जज थे और न्यायपालिका के सामाजिक दायित्व के बारे में उनके विशिष्ट और उदार विचार थे। उनकी विद्वत्ता और विचारों के कारण उन्हें संवैधानिक और संसदीय अध्ययन संस्थान द्वारा एक बार एक व्याख्यानमाला में मुख्य वक्ता के रूप में बुलाया गया था। उनका वह व्याख्यान मेरे निजी पुस्तकालय में था। न्यायमूर्ति श्री सव्यसाची मुखर्जी के बारे में सारी उपलब्ध सामग्री पढ़ने के अलावा मैंने उनके बड़े भाई की पुस्तक को भी पढ़ डाला।

दूसरे दिन ठीक पौने छह बजे जब बातचीत शुरू हुई तो श्री मुखर्जी कहीं जाने की तैयारी में औपचारिक कपड़े पहनकर सोफे के अगले किनारे पर दबाव डाले ऐसे बैठे थे कि बस, किसी भी क्षण उठ जाना चाहते हैं।

पूरे सम्मान के साथ उनका अभिवादन करने और भेंटवार्ता के लिए कुछ क्षण निकालने के लिए धन्यवाद देने के बाद मैंने स्व. पी.बी. मुखर्जी के बारे में बातचीत आरम्भ की। उनके विचारों का उल्लेख किया और उन विचारों के सन्दर्भ में देश के भावी प्रधान न्यायाधीश के विचार पूछे।

वे बोले—'ओह, माय ब्रदर, ही वॉज ग्रेट। इट सीम्स यू नो हिज व्यूज़'। बस, अब तो हम दोनों की रास बैठ गई। श्री मुखर्जी थोड़ा उठे और सोफे के पीछे पीठ लगाकर आराम से बैठ गए तथा बातचीत में पूरी रुचि लेते हुए वक्त को भूल गए। दोनों के लिए चाय मँगाई। अपनी पत्नी से मेरा परिचय कराया, जो शायद यह बताने आई थीं कि जाने का वक्त हो चुका है।

साक्षात्कार जब खत्म हुआ तो सात बज चुके थे। उठकर हाथ मिलाते हुए बोले—'डू मीट मी अगेन, बट डू नॉट पब्लिश द इन्टरव्यू अनटिल आइ हैव टेकन द ओथ'।

'श्योरली सर' यह कहते हुए मैं चला आया।

उनके उत्तराधिकारी न्यायमूर्ति श्री रंगनाथ मिश्र से लम्बी बात करना मेरे लिए कठिन नहीं था, क्योंकि मुझे उनके और उनके परिवार के बारे में पहले से ही काफी जानकारी थी। उनकी मातृभाषा उड़िया के दो-चार वाक्य भी बोल लेता हूँ। फिर, उन्हें भी हिन्दी बोलने में न कोई संकोच होता है और न कोई परेशानी, यह भी मैं जानता था। उनके एक भाई श्री लोकनाथ मिश्र से, जो इस समय असम के राज्यपाल हैं, मैं वर्षों से निकट से परिचित रहा हूँ। मगर न्यायमूर्ति श्री मिश्र ये बातें नहीं जानते थे, न ही मैं उनसे कभी मिला था। फिर भी उनसे समय पाने में कोई खास कठिनाई नहीं हुई; शायद इसलिए कि उन्हें मेरे पत्र 'नवभारत टाइम्स' के प्रभाव का आभास था। फिर भी उन्होंने कहलाया कि भेंटवार्ता के लिए नहीं अगर औपचारिक शिष्टाचार के निर्वहन के लिए आना हो तो उसी शाम किसी समय आ जाएँ।

शाम को उनकी कोठी पर जजों, वकीलों, राजनीतिज्ञों, पत्रकारों और दूसरे बड़े लोगों का आना-जाना लगा था। मेरी बारी आई तो पंजाब और हरियाणा उच्च न्यायालय के एक न्यायाधीश आ गए। न्यायमूर्ति श्री मिश्र उन्हें लेकर घर के अन्दर चले गए। अब लगा कि बात नहीं होगी। पर कुछ ही देर बाद वे बाहर आए तो मैंने जल्दी में कह दिया, "आज्ञां, नमस्कार। आपणकु बधाई।"

उन्होंने अभिवादन स्वीकार किया और बोले, "अच्छा, आप तो अच्छा उड़िया बोलते हैं।"

"ना आज्ञां, टिके-टिके कहुची"—मैंने कहा।

"अच्छा मिठाई खाइए। कल संडे है ना, सुबह आइए तब बात करेंगे।"

इस तरह मुझे बिन माँगे ही साक्षात्कार का समय मिल गया। इतवार

दोपहर को उनके सहायकों ने समालाप के लिए 15-20 मिनट का समय तय किया। लेकिन बात पहले दौर में 40 मिनट तक चली।

उनसे मिलने के पहले मैंने उनके कुछ प्रमुख निर्णय पढ़ लिये थे, साथ ही जजों की नियुक्ति की प्रक्रिया को बदलने के पक्ष में उनके विचार जान रखे थे। इससे बातचीत की अर्थपूर्ण शुरुआत करने में देर नहीं लगी। वार्ता खत्म होने को थी कि बीच में कोई आ गया और न्यायमूर्ति श्री मिश्र यह कहते हुए अन्दर चले गए कि 'जाइएगा नहीं, थोड़ी देर में आता हूँ।''

जिस समय यह अन्तराल आया उसके पहले औपचारिक साक्षात्कार खत्म हो चुका था। मगर मैंने उनके स्वनाम पिता पं. गोदावरीश मिश्र द्वारा उड़ीसा में शिक्षा के क्षेत्र में की गई सेवाओं की बात छेड़ रखी थी, जिसमें उन्हें रस आना स्वाभाविक था। उनके लौटने पर बात 20-25 मिनट और चली जिसमें उन्होंने बड़े गर्व से बताया कि उनके दादा एक 'भिखारी' थे। उन्होंने भीख माँग-माँगकर स्कूल खोले थे जिसमें से एक में न्यायमूर्ति श्री मिश्र खुद पढ़े थे।

इन दोनों साक्षात्कारों में प्रधान न्यायाधीशों ने एक हिन्दी समाचार पत्र के पत्रकार से ऐसे विचार निःशंक व्यक्त किए जो तब तक पत्र में नहीं छपे थे। न ही उन्होंने बातचीत का कोई हिस्सा 'ऑफ द रिकार्ड' रखने को कहा। यह समुचित तैयारी के कारण ही सम्भव हुआ।

संवाददाता को समालाप्य व्यक्ति की भौतिक रुचियों, उसके पद, प्रतिष्ठा और परिस्थितियों के अनुरूप अपनी निजी तैयारी करनी चाहिए। अपनी वेशभूषा का चयन भी उसके अनुरूप होना चाहिए। वैसा ही अभिवादन करना चाहिए।

साक्षात्कार किस परिणाम को लक्ष्य करके किया जाना है यह सोच लेना चाहिए। जैसे, कोई खास जानकारी लेनी है या जानकारी की पुष्टि करनी है, या सच निकलवाना है, या नए तथ्य प्राप्त करने हैं, आदि। लेकिन इसके बावजूद निश्चित अनुमान नहीं लगाया जा सकता कि अन्ततः परिणाम क्या होगा।

भेंटवार्ताकार को 8-10 सवाल पहले ही तैयार कर लेने चाहिए। इनका

क्रम साक्षात्कारदाता के सम्भावित जवाब के अनुसार निर्धारित करना चाहिए। परन्तु, यह सम्भव है कि तैयार किए गए सवालों में से एकाध ही पूछा जा सके, क्योंकि वार्ता जवाबों के अनुसार किसी और दिशा में जा सकती है। फिर भी प्रश्न तैयार रखना उपयोगी होता है।

सवाल केवल पूछने के लिए नहीं होते। वे अर्थपूर्ण, समझदारी लिए और पैने होने चाहिए। विषय की तैयारी के बाद अच्छे सवाल तैयार कर लेने पर आपको उनके उत्तर समझने में कठिनाई न होगी। ऐसे सवाल न लिखें या करें जिनके जवाब छप चुके हों या किसी सार्वजनिक दस्तावेज में उपलब्ध हों। ऐसे सवालों से विषय के बारे में आपकी अनभिज्ञता प्रगट होगी और भेंटदाता को आपसे ऊब होने लगेगी।

आकस्मिक घटनाओं के सिलसिले में भेंटवार्ता की पूर्व तैयारी नहीं की जा सकती। इसलिए संवाददाता को हर विषय पर अपने को सदैव सूचित रखना चाहिए। इसके लिए उसका सतत अध्ययनशील होना आवश्यक है। उसे खास तौर पर कतरनों की फाइलें तथा रपटों आदि को समय-समय पर देखते रहना चाहिए। वरिष्ठ पत्रकार इस प्रकार संचित ज्ञान और लम्बे समय से प्राप्त अनुभव के बल पर हर प्रकार की परिस्थिति में और प्रत्येक विषय के सम्बन्ध में सफल साक्षात्कार के लिए तैयार रहते हैं।

सम्पर्क

समालाप्य से भेंट का समय पहले तय कर लेना चाहिए और उसे वार्ता का विषय भी बता देना चाहिए। यदि साक्षात्कार का प्रस्ताव उसकी ओर से आए तो उससे साक्षात्कार का विषय जान लेना चाहिए। साक्षात्कार का स्थान कहीं भी हो सकता है। मगर उसे समालाप्य के कार्यालय में रखना बेहतर होता है, क्योंकि वहाँ वह अपने को अपनी जमीन पर पाकर आश्वस्त रहता है। साथ ही अगर तथ्यों, आँकड़ों आदि की जरूर आ पड़े तो तुरन्त दस्तावेज मँगाकर अथवा सहायकों की मदद से उसे पूरा कर सकता है। समालाप्य के निवास की एकान्तता में साक्षात्कार हो तो वह भी ठीक रहता है लेकिन होटल, रेस्तराँ और ऐसे दूसरे स्थानों को

टालें जहाँ लोगों का आना-जाना बना रहता हो।

भेंटदाता से सीधा सम्पर्क करना अच्छा होता है। मगर प्रायः उसके सहायकों के माध्यम से ही सम्पर्क करना पड़ता है। इसमें कोई हर्ज नहीं है। किन्तु यह सुनिश्चित कर लें कि सहायक को आपका मन्तव्य, यानी यह कि आप खबर के लिए मिलना चाहते हैं न कि मात्र औपचारिकता या गपशप के लिए, समालाप्य को स्पष्ट कर दिया गया है उसे यह भी बताइए कि बातचीत में कितना समय लग सकता है। गहराईवाले, गम्भीर और व्यापक महत्त्व के साक्षात्कारों के लिए पूर्व सम्पर्क साधना आवश्यक होता है। हाँ, कभी-कभी एकाएक जा धमकना भी जरूरी हो सकता है; परन्तु इसे अपवाद मानिए, नियम नहीं।

कई भेंटवार्ताओं के लिए पहले से समय निर्धारित करना सम्भव नहीं होता। जैसे; दुर्घटनाओं, अपराधों आदि के बाद की जानेवाली भेंटवार्ताएँ। इनके लिए संवाददाताओं को तुरन्त घटनास्थल पर पहुँचकर अनेक व्यक्तियों से बात करना होती है। कई बार अनिच्छुक और घबराए हुए लोगों के साथ बात करने के लिए तैयार रहना पड़ता है। तत्काल साक्षात्कार की यह कला समझ, अभ्यास और अनुभव के साथ निखरती है।

भेंट का तरीका

जैसा कि पहले कहा गया है, भेंटवार्ता या समालाप एक कला है, एक कौशल है, एक प्रविधि है। इसमें सब संवाददाताओं को पटुता प्राप्त करनी चाहिए। लेकिन साक्षात्कार के कुछ बुनियादी और सार्वत्रिक नियम होते हुए भी प्रत्येक संवाददाता की अलग तकनीक और शैली हो सकती है। उसे समालाप्य व्यक्ति के गुण और स्वभाव तथा विषय व परिस्थितियों के अनुसार अलग तरीके अपनाने पड़ सकते हैं। जो तकनीक एक व्यक्ति से सफल भेंटवार्ता के लिए उपयोगी रहती है वही भिन्न परिस्थितियों में उसी व्यक्ति के साथ अपनाए जाने पर विफल हो सकती है।

एक अनुभवी पत्रकार का कहना है कि भेंटवार्ता के लिए सहज-बुद्धि की आवश्यकता होती है। लेकिन सहज-बुद्धि को भी मदद की जरूरत

पड़ती है। सफल भेंटवार्ताओं का सही हुनर वही है जो सवालों के अपेक्षित जवाब निकाल सके। आप श्री मोरारजी देसाई से साक्षात्कार करते समय वही तकनीक नहीं अपना सकते जो श्री चरणसिंह के साथ इस्तेमाल कर सकते थे। श्री देसाई सवालों का जवाब पलटकर सवाल के रूप में देने के आदी हैं। इस तरह वे पहले जवाब टालने की कोशिश करते हैं। उसके विपरीत श्री चरणसिंह छोटे प्रश्नों का भी लम्बा उत्तर देते थे तथा अपनी बात आपकी जरूरत से ज्यादा विस्तार से बताने को उत्सुक रहते थे। इसलिए श्री देसाई से खबर पाने के लिए ऐसे सवाल बदल-बदलकर पूछते रहना जरूरी होता है जिनका विस्तार से जवाब देना वे अपने हित में बाध्यकारी समझें। इसके विपरीत श्री चरणसिंह से कम शब्दों में उत्तर दिए जानेवाले प्रश्न पूछना ठीक रहता था, नहीं तो आपको ऊब की हद तक ऐसा विस्तृत जवाब सुनना पड़ सकता था, जिसे छापना भी कठिन हो। घबराए हुए व्यक्तियों, महिलाओं और बच्चों से आप उसी सख्ती से सवाल नहीं पूछते जिस तेजी और दृढ़ता से किसी धूर्त या घुटे अपराधी से पूछा जाना उत्पादक हो सकता है। लेकिन इन सबके बावजूद कुछ सामान्य बातें हैं जिनका अनुपालन करके साक्षात्कार को विफल होने से बचाया जा सकता है या यों कहें कि उसे सफलतापूर्वक सम्पन्न किया जा सकता है।

सफल समालाप के लिए सबसे पहली समस्या समालाप्य को उपयोगी बातचीत के लिए प्रवृत्त करने की आती है। इसे पार करने हेतु जरूरी है कि समालाप्य को सही अभिवादन करके उसे बातचीत का वक्त निकालने के लिए धन्यवाद दीजिए। अभिवादन और उसके ढंग का सही होना समालाप को खुशनुमा माहौल में शुरू करने के लिए अनिवार्य है। आप किसी शंकराचार्य को 'गुडमार्निंग' नहीं कहते, न राष्ट्रपति जी को 'मिस्टर वेंकटरामन' सम्बोधित करते। भारतीय महिला यदि स्वयं पहले हाथ न बढ़ाए तो आप उससे हाथ मिलाने की जल्दी नहीं करते। अगर समालाप्य से आपके अन्तरंग सामाजिक सम्बन्ध न हों तो आप उसे प्रथम नाम से नहीं पुकारते। आपका अरुचिकर पहनावा, त्रुटिपूर्ण अभिवादन, अप्रिय हावभाव और गलत प्रथम प्रश्न साक्षात्कार की भ्रूण-हत्या कर सकता है।

समालापक को समालाप्य से असहमत होने पर भी शिष्ट, मितभाषी और धैर्यवान बने रहने का गुण पालना चाहिए। उसका व्यवहार सकारात्मक और उत्साहपूर्ण होना चाहिए। भेंटदाता को यह आभास हो कि समालापक उसके विचारों को मूल्यवान मानता है। असहमत होते हुए भी वह विचार व्यक्त करने के उसके अधिकार की रक्षा करेगा। समालाप्य के विचार कितने ही हास्यास्पद, असंगत और तर्कहीन क्यों न हों और उसके दावे चाहे जितने झूठे हों, उन पर खुली असहमति व्यक्त नहीं करनी चाहिए। उन पर अपना निर्णय तो कदापि न दिया जाए। वह बढ़चढ़कर बातें करे, बड़बोले दावे जताए, सरासर झूठ बोले और फिर भी अपेक्षा करे कि इसे सच के रूप में प्रस्तुत किया जाए तो भी भेंटकर्ता को उत्तेजित नहीं होना चाहिए। समालाप्य से बहस या विवाद में न उलझें, भले ही वह, आपको इसमें उलझाना चाहे, क्योंकि वह अपने प्रतिकूल जा रही भेंटवार्ता को नष्ट करने या आप पर हावी होने की उसकी सोची-समझी चाल हो सकती है।

पश्चिमी देशों में समालाप्य को प्रायः हलकेपन से 'शिकार' (विक्टिम) कहा जाता है। यह विचार गलत है। आपका उद्देश्य भेंटदाता को शिकार मानकर फाँसना या परेशान करना नहीं, उससे अधिकाधिक मात्रा में संगत जानकारी प्राप्त करना है। इसलिए जब तक वह संगत बातें करे उसे कहने दीजिए। उसकी बातों से आपको परेशानी महसूस हो या हँसी आए तो भी उसे अभिव्यक्त न करें। अपने चेहरे पर ऐसे हावभाव न आने दें कि भेंटदाता आपके द्वारा अपने को अस्वीकार्य समझे और साक्षात्कार को शीघ्र समाप्त कर दे। संवाददाता की भावभंगिमाओं और मुद्राओं का भी भेंट पर असर पड़ता है। इनमें से कुछ तनाव बढ़ाती हैं तो कुछ भेंटदाताओं को आश्वस्त करती हैं कि आप उसमें रुचि ले रहे हैं, इसलिए उससे न्याय करेंगे। एक अनुभवी पत्रकार ने भेंटकर्ताओं को इन शब्दों में उपयोगी सलाह दी है—"आपको सब तरह के लोगों से भेंटवार्ताएँ करनी होंगी। इनमें अपराधी, लफंगे, हास्यास्पद दिखनेवाले, तुनक मिजाज और शराब से टूटे हुए लोग होंगे। इन सबसे मिलते समय बस व्यावसायिक जिज्ञासा रखें,

अपने कोई मनोभाव या आवेग नहीं। आप भेंटदाता के साथ हँसेंगे तो वार्ता सफल होगी, उस पर हँसेंगे तो वह नष्ट हो जाएगी।

लेकिन समालाप के दौरान कभी-कभी सच उगलवाने के लिए दृढ़ता बरतनी पड़ सकती है। उस हालत में शिष्टता न छोड़ते हुए दृढ़ता अवश्य बरतें। उस समय समालाप्य को यह आभास दीजिए कि जो वह छिपाना चाह रहा है उसकी जानकारी आपको पहले से है या उसे पाने के सूत्रों तक आपकी पहुँच है। इसलिए सही बात बताना या स्पष्टीकरण देना उसके अपने हित में होगा। मगर दृढ़ता अपनाने का यह क्षण भेंटवार्ता के प्रारम्भिक समय में न आने दीजिए। इसे वार्ता के उत्तरवर्ती भाग के लिए सुरक्षित रखें ताकि अगर समालाप भंग होना है तो वार्ता के चरम-बिन्दु पर भंग हो, तब तक आप काफी जानकारी पा चुके होंगे।

घटना-स्थल पर किए गए साक्षात्कारों में बच्चों, बूढ़ों, महिलाओं और अनपढ़ महिलाओं के जवाब अक्सर धीरे-धीरे आते हैं और वह असम्बद्ध भी होते हैं। ये लोग प्रायः बोलने में घबराते हैं या संकोच करते हैं। अतः इनके साथ धीरज रखिए और इन्हें जवाब के लिए वक्त और प्रोत्साहन दीजिए। इन्हें विश्वास दिलाएँ कि इनकी बातें मूल्यवान और जरूरी हैं। इन लोगों के विपरीत कुछ झूठे और धूर्त व्यक्ति भी हो सकते हैं जो बनावटी आत्मविश्वास के साथ जल्दी-जल्दी बातें कहकर आपको गुमराह करने की कोशिश कर सकते हैं। इनको दृढ़ता के साथ सीधे सवाल करके किनारे लगाना अच्छा रहता है।

गहराईवाली भेंटवार्ताओं में यह याद रखें कि भेंटवार्ता का उद्देश्य विचारों का आदान-प्रदान करना नहीं, समालाप्य से जानकारी पाना या निकालना है। इसलिए उस पर अपनी विद्वत्ता की छाप छोड़ने या ज्ञान की धाक जमाने अथवा उसे अपनी ओर से जानकारी देने या अपने को उससे अधिक योग्य सिद्ध करने की कोशिश न करें। आपकी इस कोशिश से वह प्रभावित नहीं, खिन्न होगा। उसकी याददाश्त ताजा करने के लिए यदि कोई जानकारी देना या सन्दर्भ स्पष्ट करना आवश्यक हो तो जरूर करें। पर यह भी जरूरत से ज्यादा, अकारण या बार-बार न करें।

महत्त्वपूर्ण जानकारी पा जाने के बाद बातचीत को तुरन्त खत्म न करें इससे समालाप्य को शक हो सकता है कि उसने कोई गलती कर डाली है और वह अपनी अब तक कही सब बातों को वापस ले सकता है या उन्हें न छापने के लिए आपको कह सकता है। यह बात एक वरिष्ठ विदेशी पत्रकार ने अपने निजी अनुभव के आधार पर कही है। इसी सिलसिले में एक सच्चा किस्सा रिकार्ड किया गया है : एक रिपोर्टर किसी बैंकर से विदेशी मुद्रा विनिमय (फॉरेन एक्सचेंज) के बारे में भेंटवार्ता के लिए गया। कुछ मिनटों की बातचीत के बाद वह बैंकर को धन्यवाद देकर यह कहते हुए चलने लगा—''बस, मैं सबकुछ समझ गया हूँ।'' बैंकर बोला—''नौजवान दोस्त, तुम सचमुच असाधारण हो। मैं 40 साल से इस धन्धे में हूँ मगर अब तक इसे थोड़ा भी नहीं समझ पाया हूँ, तुम मिनटों में समझ गए ! यह भेंटवार्ता अधूरी तो रही ही, बेकार भी हो गई। भेंटकर्ता को चाहिए कि आवश्यक जानकारी मिल जाने पर वह बातचीत जारी रखे और उसका समापन किसी महत्त्वपूर्ण नहीं साधारण बात पर करे।

प्रश्न पूछने की कला

प्रथम दृष्टिपात और पहला सवाल साक्षात्कार की सफलता या विफलता के लिए निर्णायक होता है। पहला प्रश्न ऐसा होना चाहिए कि वह समालाप्य में वार्ता की रुचि पैदा करे और उसे बातचीत के लिए तैयार करे। कोई ठोस और स्पष्ट उत्तर पाने के लिए ही पहला सवाल न करें, न ही अभिवादन के तुरन्त बाद तपाक से सवाल पूछना शुरू कर दें। पहले व्यावहारिक समझबूझ के साथ अन्य बातें करें। जैसे, यदि किसी की नई नियुक्ति हुई हो तो आप पूछ सकते हैं—''यहाँ कब आए हैं ? कैसा लग रहा है यह स्थान ? नया काम कैसा महसूस हो रहा है ? कोई कष्ट तो नहीं है यहाँ ? पहले जहाँ रहे वहाँ की यादें कैसी हैं ? आदि-आदि। अर्थात् पहले इधर-उधर की बतियाइए। लेकिन इसे लम्बा न खींचे नहीं तो आप असली सवाल भूल जाएँगे या वार्ता का क्रम उस ओर चल पड़ेगा जिस ओर आप नहीं, समालाप्य उसे चलाना चाहता है। यह भी हो सकता है कि

विषय-प्रवेश से पूर्व ही आपके लिए निर्धारित समय खत्म हो जाए और आप खाली हाथ लौट आएँ। प्रारम्भिक बातचीत के दौरान जिस क्षण आपको भेंटदाता बातचीत में रुचता दिखे उस समय ठोस सवाल पूछने का बिन्दु आ गया समझें।

अब पूर्व नियोजित सवाल शुरू करिए, पर पहले कम महत्त्व के सवाल के साथ। यह भी ध्यान रखिए कि ये सवाल ऐसे हों कि इनका जवाब देने में भेंटदाता को कुछ समय लगे—उसी तरह जैसे परीक्षाओं में निबन्धात्मक सवाल होते हैं। ऐसे सवाल करने का उद्देश्य समालाप्य को विषय की गहराई की ओर धीरे-धीरे खींचना और आवश्यक जानकारी पाने का आधार तैयार करना होता है।

ऐसे प्रश्न न करें जिनका उत्तर 'हाँ' या 'ना' में दिया जा सके। भेंटवार्ता 'क्या, क्यों और कैसे' जानने का सर्वोत्तम साधन है। इसलिए आपके सवाल इन्हें पाने के लिए होने चाहिए। जैसे; यदि भेंटदाता ने कोई असाधारण काम किया है तो वह क्या है, उसने इसे कैसे किया है और क्यों किया है ? यह जानकारी 'हाँ' या 'ना' में जवाब दिए जा सकनेवाले सवालों से नहीं मिल सकती।

एक उदाहरण : आपके नगर में नया पालिका आयुक्त बाहर से आकर पदस्थ हुआ है। आप अपने पाठकों को बताना चाहते हैं कि वह नागरिक समस्याओं को हल करने में कितना सक्षम सिद्ध होगा। इसके लिए आप सबसे पहले यह जानना चाहेंगे कि वह इन समस्याओं को समझता है या नहीं। अगर आपने यह सवाल किया कि "क्या आप नगर की समस्याएँ जानते हैं ?" तो उसका उत्तर होगा—'हाँ' या 'ना'। क्या आपको इन्हें हल कर लेने का यकीन है ? वह कहेगा—"क्यों नहीं।" "आप भी पूर्व आयुक्तों की तरह विफल तो नहीं हो जाएँगे ?" जवाब होगा—"नहीं"। "क्या आप नागरिकों को विश्वास दिलाते हैं कि अब बिजली, पानी, सफाई, स्वास्थ्य आदि की सेवाएँ सुधरेंगी ?" उत्तर होगा—"हाँ"।

'हाँ' और 'ना' के इन कुछ ही जवाबों के बाद आपके पास पूछने को कुछ नहीं रह जाएगा। और जो पूछा है उसमें से ठोस कुछ भी निकला नहीं।

'हाँ' या 'ना' के उत्तरोंवाले सवालों से चालाक समालाप्यों को अपना पल्ला छुड़ाने या झाड़ लेने का मौका मिल जाता है जबकि आपके हाथ कुछ नहीं लगता। इसके विपरीत अगर आयुक्त से यह सवाल किया जाए कि उसके कार्यकाल में नगर की किन मुख्य समस्याओं से उसको निपटना होगा तो आयुक्त को विस्तार से बताना होगा कि वह नगर की समस्याओं को कितना समझता है। जो समस्याएँ वह न बताए जैसे, चूंगी चोरी, पालिका के दफ्तरों में भ्रष्टाचार या अनुशासनहीनता, ठेके देने में हेराफेरी आदि, उनके बारे में आप आगे सवाल पूछ सकते हैं। आप पूछ सकते हैं कि इन समस्याओं के समाधान के लिए नए आयुक्त की क्या योजनाएँ हैं। इसके उत्तर में या तो वह विस्तार से अपनी योजनाएँ बताएगा या कहेगा कि उन पर विचार किया जा रहा है। अगले सवाल में आप पूछ सकते हैं कि मोटे तौर पर किस प्रकार की योजनाओं पर विचार हो रहा है। इन्हें कार्यान्वित करने में कितना समय लगेगा ? कितना धन लगेगा ? यह धन कहाँ से आएगा ? इस क्रम को आगे बढ़ाते हुए आप शायद इसे वहाँ तक ले जाएँ जहाँ उसे यह कहना पड़े कि नागरिक सेवाओं को सुधारना है तो टैक्सों और शुल्कों की दरें संशोधित करनी पड़ेंगी और ऐसा किया जाएगा। मतलब यह कि बिजली और पानी महँगा हो सकता है। शहर को साफ सुथरा बनाने के लिए बड़े पैमाने पर बुलडोजर चलाने में संकोच न करने का निश्चय भी वह बता सकता है।

समालाप्य से बीच-बीच में यह कहना लाभप्रद होता है कि "कृपया यह बात समझाकर बताइए।" "योजना के कुछ ब्यौरे दीजिए।" "घटना का विवरण बताइए।" यदि समालाप्य व्यक्ति किसी अपराध का प्रत्यक्षदर्शी हो तो उससे यह न पूछिए कि क्या आरोपी इस तरह का दिखता था, और उसने ऐसा किया ? उसे यह बताने को कहिए कि आरोपी का हुलिया क्या था और उसने उसे क्या करते देखा। इस तरह के सवालों के जवाब में आपको ऐसी महत्त्वपूर्ण जानकारी भी मिल सकती है जिसकी कल्पना या अपेक्षा आपने पहले न की हो।

इस तरह के सवाल न पूछिए जिससे समालाप्य को लगे कि उससे कोई

अपराध कबुलवाया जा रहा है। याद रखिए कि भेंटवार्ता किसी आयोग द्वारा की जानेवाली जाँच नहीं होती, न ही यह पुलिसिया पूछताछ होती है। यह संवाद है जिसका उद्देश्य जानकारी पाना है। इसलिए समालाप्य से स्वतः और स्वप्रेरणा से जानकारी देने के लिए प्रोत्साहित करनेवाले सवाल कीजिए।

लेकिन, कुछ विशिष्ट मामलों में 'हाँ' 'ना' में जवाबवाले बन्द सवाल भी अच्छी खबर के लिए उपयोगी होते हैं। जैसे; चुनाव या विजयी दल के प्रमुख प्रतिद्वन्द्वी नेताओं में से किसी एक से पूछा जाए : "क्या आप प्रधानमन्त्री पद के लिए उम्मीदवार होंगे ?" या "क्या आपको योजना आयोग के उपाध्यक्ष पद की पेशकश की गई है ?" इन सवालों के उत्तर 'हाँ' में हों या 'ना' में दोनों ही स्थितियों में खबर बन जाती है।

कुछ समस्यागत सवाल भी किए जा सकते हैं जिनसे समालाप्य की मनःस्थिति और विचारों के भीतर झाँका जा सकता है। जैसे; यह सवाल कि "अगर आपको राज्यपाल या राजदूत बनाया जाए तो आप इसमें से क्या स्वीकार करेंगे ?" या "अगर आपको पार्टी के सचिव पद से हटने को कहा जाए तो आप क्या करेंगे ?" ज्यादातर भेंटदाता ऐसे सवालों को काल्पनिक बताकर टाल देते हैं, लेकिन कई बार वे उन बातों पर सीधी प्रतिक्रिया व्यक्त करते हैं जिनके घटने से उन्हें या तो बहुत सुख मिलता है या गहरा धक्का महसूस होता है। यथा, सम्मानित किए जाने या पद से हटाए जाने पर।

भेंटवार्ता एक संवाद जरूर है परन्तु ऐसा संवाद कि जिसमें भेंटदाता को ज्यादातर बात करना और भेंटकर्ता को अधिकतर सुनना चाहिए। अर्थात्, भेंटकर्ता को सिर्फ उतना बोलना चाहिए जितना जानकारी पाने के लिए जरूरी हो। इस माने में वह संवाद में बराबर का प्रतिभागी नहीं होता।

भेंटदाता को बीच में टोकिए नहीं, न ही अधबीच दूसरा सवाल करिए। सवाल की लम्बी भूमिका न बनाइए। लम्बी भूमिका बनानेवाले संवाददाता अक्सर आखिर में सही प्रश्न नहीं कर पाते और भेंटदाता उनके इस लम्बे सवाल का छोटा उत्तर देकर बच निकलता है। साथ ही वह पेचीदा और

मुश्किल बनाए जा रहे इस प्रश्न का आसान-सा उत्तर आपकी इस पृष्ठभूमि में से पा जाता है। कुछ सीधे, संक्षिप्त सवालों के जवाबों को दोहराने का अनुरोध करके समालाप्य से अतिरिक्त जानकारी पाई जा सकती है क्योंकि प्रायः लोग एक बात को दूसरी बार कहने के दौरान अतिरिक्त बातें भी बता जाते हैं।

ऐसे सवाल न करिए जिनमें आपकी राय या निर्णय प्रकट होता हो। जैसे, यह कहना कि "इस हालत के लिए तो आप खुद (या आपकी सरकार या आपका संगठन) ही जिम्मेदार है, आप इसे क्या सुधारेंगे।" इस तरह के सवालों से जानकारी नहीं मिलती बल्कि आपके इरादों के प्रति सन्देह पैदा होता है, निष्पक्ष पत्रकार के रूप में आपका प्रभावीपन घटता है, विश्वसनीयता कम होती है। याद रखिए संवाददाता की सफलता विभिन्न व्यक्तियों द्वारा उसे सहज स्वीकार किए जाने पर निर्भर करती है। अगर सही जानकारी पाने के लिए समालाप्य से उसे परेशान कर देनेवाले सवाल पूछने जरूरी हों तो उन्हें बेझिझक पूछिए, मगर उनमें अपने विचारों का घालमेल किए बिना तथा अपनी पूरी निष्पक्षता बनाए रखकर। अगर कोई समालाप्य आपको जानबूझकर गुमराह कर रहा है या जानकारी होते हुए भी उससे इन्कार करे तो आप यह कहते हुए कड़ाई से सवाल कर सकते हैं कि "यह जानकारी मेरे पास पहले से ही दूसरे सूत्रों से है।" मगर यह तभी करना चाहिए जब सचमुच आपके पास वह जानकारी हो, अन्यथा पांसा उलटा पड़ सकता है।

कई भेंटदाता समस्यापूर्ण होते हैं। इनमें "मुझे कुछ नहीं कहना", "कोई टिप्पणी नहीं (नो कमेन्ट्स प्लीज)", "मुझे आपके पत्र पर भरोसा नहीं" आदि कहनेवाले कुछ विशिष्ट व्यक्ति होते हैं। इस तरह के लोग आसानी से आपसे सहयोग नहीं करेंगे। किन्तु धीरज न छोड़ें। इनसे सवाल करते रहिए। एक प्रश्न न चल सके तो बदलकर दूसरा करिए। यदि आप धैर्यवान और विवेकी समालापक हैं तो कॉपी के लिए कुछ-न-कुछ जरूर पा लेंगे, और कुछ नहीं तो यही कहने के लिए कि "बार-बार पूछने पर भी अमुक ने कुछ भी टिप्पणी करने से इन्कार कर दिया।" ये शब्द बहुत

कुछ बोलते हैं। सुधी पाठक इनका अन्दरूनी अर्थ अपने आप समझ लेते हैं। ऐसे शब्द पाठक के मन पर समालाप्य की प्रतिकूल छवि अंकित करते हैं। इसलिए समालाप्य ऐसा रुख अपनाकर अपना ही अहित करता है। ऐसे लोगों को यह कहकर बोलने को प्रोत्साहित किया जा सकता है कि टिप्पणी न करना आपके हित में नहीं होगा क्योंकि इससे खबर में आपका पक्ष नहीं जा पाएगा और उसमें केवल दूसरों का पक्ष रहेगा।

कुछ लोग राजनीतिज्ञों की तरह तथ्य छिपाने के लिए नहीं या उलटी बात छप जाने के भय से नहीं बल्कि स्वभाववश अथवा भावातिरेक में कुछ नहीं कह पाते, जैसे अनपेक्षित पुरस्कार पानेवाले, लॉटरी जीतनेवाले, खेल विजेता, बड़ा सम्मान प्राप्त करनेवाले साहित्यकार, शिल्पी, अभिनेता, सफल बच्चों की माताएँ, आदि। इनकी खुशियों में शामिल होने का आभास और भावावेगों को नियन्त्रित करने का कुछ समय देकर आप इनसे बहुत कुछ कहला सकते हैं। इसी प्रकार दुर्घटनाओं के शिकार लोगों और उनके परिजनों से संवेदना जताने और उनकी आहत भावनाओं को थोड़ा शान्त होने देने के बाद आप उनसे भी तथ्यों की जानकारी विवेकपूर्ण तरीके से सवाल करके प्राप्त कर सकते हैं। कहने का तात्पर्य यह है कि किसी भी परिस्थिति में यह मानकर अपने पत्रकारीय कौशल के हथियार न डाल दीजिए कि यहाँ से तो कुछ निकालना ही नहीं है। वास्तव में थोड़ी-सी जानकारी की आशा में घंटों और दिनों-दिन लगे रहनेवाले संवाददाताओं ने ही अन्ततः बड़े "स्कूप" पाए हैं। ऐसे अनगिनत प्रसंग हैं ज़ब महत्त्वपूर्ण बैठकों के स्थलों पर घंटों इन्तजार करनेवाले संवाददाताओं ने कुछ भी बताने को अनिच्छुक प्रधानमन्त्रियों और राष्ट्रपतियों के सभाकक्षों से बाहर निकलने पर चलते-चलते लिये गए एकाध मिनट के साक्षात्कारों में अति महत्त्वपूर्ण खबरें निकाली हैं।

कुशल भेंटवार्ताकार वह है जो भेंटवार्ता को खुद नियन्त्रित करता है। वह इसकी कमान समालाप्य के हाथ में नहीं जाने देता। जिस तरह विमान का कप्तान रास्ते में पड़नेवाले हवाओं के दबावों के कारण विमान को कुछ

मिनटों के लिए निर्धारित मार्ग (एयर लेन) से हटाना पड़े तो भी उसकी दिशा गन्तव्य स्थान की ओर कर लेता है, वैसे ही भेंटकर्ता को करना चाहिए। समालाप्य को बेरोकटोक उत्तर देने दीजिए, लेकिन अगर वह विषयान्तर करने लगे या अनुपयोगी विस्तार में जाए अथवा असंगत व गैर-जरूरी बातें कहने लगे तो विनम्रता के साथ संगत सवाल करके उसे पूर्ववर्ती चर्चा में लौटा लाइए। कभी-कभी संवाददाता सवाल करते हुए या बातचीत के दौरान खुद इधर-उधर भटक जाता है। इससे समालाप विषय से न सिर्फ दूर चला जाता है बल्कि भेंटदाता भेंटकर्ता पर हावी होने लगता है। ऐसी स्थिति कभी न आने दें।

कुछ भेंटदाता जानबूझकर संवाददाता पर भारी पड़ने की कोशिश करते हैं। ऐसे कठिन और चालाक लोगों से निपटने के लिए आपको विषय के अपने ज्ञान, बुद्धि-कौशल, विनम्रता और दृढ़ता का सम्मिश्रण इस्तेमाल करना होगा। संवाददाता की ऐसा करने की क्षमता उसके अनुभव के साथ बढ़ती है।

साक्षात्कार के दौरान सवाल ही न पूछें और उनके जवाब ही न लिखें, बल्कि समालाप्य के हावभाव, बदलती मुख-मुद्राओं और मौनभावाव्यक्ति पर भी पैनी नजर रखें। समालाप्य के बैठने-उठने के ढंग, उसके एकाएक उछल पड़ने, उसका चेहरा लाल हो जाने, चेहरे पर हवाइयाँ उड़ने, आदि का अनकहे बहुत अर्थ होता है। इन्हें भाँपने से समालाप्य के कथनों की सही व्याख्या करने में मदद मिलती है। साथ ही वार्ता के विवरण को रोचक बनाने के लिए भी इनका उल्लेख किया जा सकता है। कुछ लोग किसी सवाल की प्रतिक्रिया में कन्धा झटकते हैं, जमीन पर पाँव मारते हैं, जोर-जोर से टाँग हिलाते हैं—इस सबका भी अर्थ है। बातचीत के बीच "ऊँ", "ओह", "वाह" कहे जाने का वजन सैकड़ों शब्दों से भी भारी होता है। इनकी सही व्याख्या करने की क्षमता पत्रकार के अनुभव, अभ्यास और सूझबूझ के अनुपात में बढ़ती है।

यहाँ यह भी समझना सहायक होगा कि पत्रकार के अपने हावभाव और उसके द्वारा की गई अपने संवेगों की प्रत्यक्ष-अप्रत्यक्ष अभिव्यक्ति से

भी समालाप्य की प्रतिक्रिया प्रभावित होती है। इसलिए उसे अपने आवेगों को नियन्त्रित रखने का स्वभाव बनाना चाहिए। समालाप्य के हँसने के साथ जरूर हँसिए, लेकिन व्यंग्यात्मक या कटाक्षपूर्ण सवाल कदापि न करें। उसके विषाद में संवेदना व्यक्त करें किन्तु उसमें विषाद उत्पन्न करनेवाले प्रश्नों को टालें। याद रखिए कि समालापक की अपनी कुछ मुद्राएँ समालाप्य के मन में तनाव पैदा करती हैं जिसके कारण आवश्यक जानकारी पाना कठिन हो जाता है। इसके विपरीत कुछ मुद्राएँ और भावभंगिमाएँ समालाप्य को आश्वस्त करती हैं जिससे वह बड़े सहज भाव से सारी जानकारी देता जाता है। हाँ, उन लोगों से होशियार रहिए जो बिना पूछे ही अपनी ओर से बहुत कुछ बताते हैं। ये लोग आपको जानबूझकर दिग्भ्रमित कर रहे होते हैं या आप की पैनी खोज से बचने की कोशिश में रहते हैं। आपकी अनावश्यक मौन प्रतिक्रिया भी इनकी इस कोशिश को सफल करने में मददगार सिद्ध हो सकती है। इसलिए अपने प्रश्नों से इन्हें नियन्त्रित कीजिए।

मान लीजिए, आप यह जानना चाह रहे हैं कि किसी घोटाले में समालाप्य के शामिल होने की अफवाह के बारे में सच क्या है। आपके किसी खोजी सवाल के जवाब में उसने खुद पूर्व में भ्रष्टाचारियों के खिलाफ अभियान चलाने और उसके कारण भारी कष्ट झेलने के मार्मिक दावे पेश किए और आपने सिर हिलाकर उससे सहानुभूति व्यक्त कर दी तो इसकी आड़ में वह दोषी होते हुए भी बच निकल सकता है। इसलिए ऐसे दावों और कथनों से प्रभावित हुए बिना खोजी सवाल करते जाइए।

कुछ साक्षात्कार शब्दविहीन होते हैं। अनुभवी पत्रकार इनसे कई बड़े समाचार निकाल लेते हैं। ऐसे कुछ साक्षात्कारों में न कोई सवाल हो पाता है, न कोई जवाब दिया जाता है, फिर भी समालाप्य सवालों को भाँप लेता है और पत्रकार उनके अकथित जवाब का सही अनुमान लगा लेता है। गांधी-जिन्ना वार्ताओं के दौरान कई दिनों तक दोनों नेता भेंटवार्ता की चेष्टा करनेवाले पत्रकारों से कुछ नहीं बोलते थे। लेकिन बैठक से बाहर निकलते समय उनकी चाल, मुख-मंडल के भाव, जल्दी से चले जाने या

आराम से फोटो खिंचाने की क्रियाओं आदि से संवाददाता वार्ता की दिशा भाँप जाते थे और अपने मौन प्रश्नों के सम्भावित जवाबों का सही अनुमान लगाकर रोज ऐसी खबरें देते थे जो सही निकलती थीं। कुछ साक्षात्कारों में मात्र एकाध वाक्य का समालाप हो पाता है, लेकिन 'हाँ', 'हूँ', से विस्तृत जवाब मिल जाता है। जैसे 1966 में श्रीमती इन्दिरा गांधी की सरकार ने सत्तारूढ़ होने के कुछ समय बाद जब रुपए का अवमूल्यन किया तो तत्कालीन कांग्रेस अध्यक्ष श्री के. कामराज ने उनसे भेंट करने गए पत्रकारों के जवाब में हाथ फेंकते हुए केवल इतना कहा—"हूँ, डीवेल्युएशन।" बस, अपने ही दल की सरकार के इस कदम पर पार्टी अध्यक्ष की तीव्र प्रतिक्रिया को समझने और उस पर बड़ा राजनीतिक समाचार लिखने के लिए अनुभवी पत्रकारों को इतना पा लेना काफी था।

विशेषज्ञों की विशेषता के विषय की आपको पूर्ण जानकारी होते हुए भी सवाल विशेषज्ञों की तरह न पूछिए क्योंकि इससे आप दोनों तकनीकी भाषा में आदान-प्रदान करने लगेंगे। इसे पाठकों को समझा पाना कठिन होगा। विशेषज्ञों से सामान्य व्यक्ति की तरह प्रश्न कीजिए। आप समालाप्य से कह सकते हैं कि वह आपको ऐसे समझाए मानो आप उस विषय के बारे में कुछ नहीं जानते।

सर बेसिल क्लार्क ने एक जगह लिखा है कि जब मैं 'मेंचेस्टर गार्जियन' की ओर से लॉर्ड रदरफोर्ड से साक्षात्कार करने गया तो उन्होंने निर्देश दिया कि "आप मुझसे स्कूली बच्चों की भाषा में पूछिए, मैं भी स्कूली बच्चों की भाषा में जवाब दूँगा।" रदफोर्ड वे महान वैज्ञानिक हैं जिन्होंने परमाणु को सबसे पहले तोड़ा था।

भेंटवार्ता को एकाएक खत्म न करिए, भले ही आपको वह सारी जानकारी मिल जाए जिसकी आपको अपेक्षा थी या वह जानकारी भी आप पा गए हों जिसकी आपको आशा नहीं थी। समालाप ऐसे मनोवैज्ञानिक वातावरण में समाप्त कीजिए कि समालाप्य आपकी निष्पक्षता के बारे में आश्वस्त रहे। इसके साथ ही उसे यह आभास भी दीजिए कि आपने हर बात भलीभाँति समझ ली है।

यह सुनिश्चित कर लीजिए कि आपके मस्तिष्क में कोई अधपची बात नहीं बैठ गई है। इसके लिए समालाप्य से विदा लेने से पूर्व सब सन्देहपूर्ण और महत्त्वपूर्ण बिन्दुओं का स्पष्टीकरण ले लीजिए। ऐसा करने के दौरान आपको नई जानकारियाँ भी मिल सकती हैं। यदि भेंटवार्ता के दौरान कोई अशिष्टता हो गई हो अथवा नागवार बात कह दी गई हो तो सही खबर छापने की अपनी दृढ़ता बनाए रखते हुए भी समालाप्य से अफसोस या खेद व्यक्त कर देना चाहिए। इस शिष्टता से आपका कुछ बिगड़ता नहीं बल्कि इससे समालाप्य के दरवाजे भविष्य में भी आपके लिए खुले रहने की गुंजाइश रहेगी।

टेलीफोन पर भेंट

टेलीफोन पर समालाप के भी वही तरीके हैं जो आमने-सामने भेंटवार्ता के हैं। फर्क सिर्फ यह है कि इससे शब्दविहीन सम्प्रेषण के सम्बन्ध में कठिनाई होती है लेकिन कुशल समालापक अपने अनुभव के आधार पर समालाप्य की एकाएक चुप्पी, उसकी आवाज में बदलाव, गम्भीरता, व्यग्रता, उद्विग्नता, तनाव अथवा प्रसन्नता आदि के भाव समझ जाते हैं। नए संवाददाता भी ध्यान और सूझबूझ से सुनकर यह अनुमान लगा सकते हैं।

टेलीफोन पर बातचीत के दौरान ध्यान रखें कि समालाप्य आपके किसी सवाल से या उसे पूछने के तरीके की वजह से फोन रख न दे या उसे बच निकलने के लिए ऐसा करने का मौका न मिल जाए। आपकी कोशिश यह हो कि जब तक अभीष्ट जानकारी नहीं मिल जाती तब तक समालाप्य को बातचीत में लगाए रखा जाए। इसमें आपकी सफलता, आपकी तैयारी और समझ पर निर्भर करेगी। कई समालाप्य फोन पर अक्सर यह कहकर छुटकारा पा लेते हैं कि "मुझे इससे अधिक कुछ नहीं कहना" (आई हैव नथिंग मोर टू से)। इन्हें ऐसा न करने देने के लिए तुरन्त अगला सवाल कर डालिए। इस बात का भी ध्यान रखिए कि टेलीफोन पर बात करते समय समालाप्य को यह आभास दें कि आप उस पर उपकार नहीं कर रहे हैं, बल्कि उसकी कृपा चाहते हैं। इससे वह आपसे सहयोग

करेगा। यदि आपने उपकार जताने की कोशिश की तो शायद वह आगे बात न करें।

यदि समालाप्य उत्तर देने के लिए कुछ क्षण रुक जाए तो उसे रुकने दीजिए। हलो, हलो मत कहिए क्योंकि शायद वह उस समय आपके सवाल का उपयुक्त जवाब सोच रहा हो। लेकिन कुछ क्षणों में 'जी', 'हाँ' आदि कहकर उसे स्मरण करा दीजिए कि आप उत्तर की प्रतीक्षा कर रहे हैं।

टेलीफोन भेंटवार्ता आरम्भ करने के पहले सुनिश्चित कर लीजिए कि आप सही व्यक्ति से बात कर रहे हैं। उस व्यक्ति को प्रारम्भ में अपना और अपने पत्र या संवाद समिति का पूरा परिचय दे दीजिए ताकि वह आश्वस्त हो जाए कि वह सही संवाददाता से बात कर रहा है। उसे स्पष्ट कर दीजिए कि अपेक्षित जानकारी आप प्रकाशन के लिए चाहते हैं, निजी ज्ञान-वर्धन के लिए नहीं। यदि वह टेलीफोन पर बात करने में संकोच करे और चाहे कि आप उससे मिलकर बातचीत करें तो तत्काल समय तय कर लीजिए। यदि वह लम्बा समय दे तो उसे बता दीजिए कि तत्काल बात करना उसी के हित में होगा क्योंकि आपके पास कुछ ऐसी जानकारी है जिस पर उसकी प्रतिक्रिया तुरन्त लेना सन्तुलित और सही समाचार बनाने के लिए जरूरी है।

टेलीफोन पर भेंट का अवसर पा लेने की कुछ युक्तियाँ भी हैं। जैसे, महत्त्वपूर्ण व्यक्तियों के निजी सहायकों से अच्छे सम्बन्ध रखना, उन्हें महत्त्व देना और उनसे निरन्तर सम्पर्क बनाए रखना। सहायकों के सभी टेलीफोन नम्बर लिख रखिए। लेकिन सहायकों के अलावा विशिष्ट व्यक्तियों के सीधे फोनों के नम्बर रखना भी न भूलिए। कभी-कभी जब स्विच-बोर्ड का ऑपरेटर सहायक नहीं होता तो सीधे नम्बर घुमाने से भी बात बन जाती है। कुछ विशिष्ट व्यक्तियों के अप्रकाशित फोन नम्बर भी होते हैं जो उनके शयनकक्ष तक जाते हैं। अगर उस व्यक्ति से आपकी पहले से अच्छी पहचान है तो आप इन पर बात करने की कोशिश कर सकते हैं। ऐसे नम्बरों का पता निजी सहायकों की सद्भावनाओं से लगाया जा सकता है।

सफल भेंटवार्ता क्या है

सफल भेंटवार्ता वह है जिसके बाद समालाप्य आपसे और आपके पत्र से बार-बार बात करना चाहे, इसलिए नहीं कि आपने उसकी प्रशंसा ही लिखी है, आलोचना नहीं की है या आपका व्यवहार शालीन ('गुड बॉय' जैसा) रहा है, अपितु इसलिए कि उसे विश्वास हो गया है कि आप उसे समुचित रूप और परिणाम में सुनते हैं और उससे जानबूझकर अन्याय नहीं करेंगे। उन भेंटवार्ताओं को विफल मानना चाहिए जिनके अन्त में आपको यह सन्तोष भले ही हो जाए कि आपने समालाप्य को खासी पटकनियाँ दी हैं, मगर वह आपसे फिर कभी बात न करने की ठान ले या आपकी रपट का खंडन करने की तैयारी उसके छपने से पहले ही करने लग जाए। सचमुच सफल भेंटवार्ता तो उसे कहा जाना चाहिए जिसमें समालाप्य पटकनियाँ खाने पर भी आपकी तैयारी, विषय के ज्ञान, शालीन व्यवहार और व्यावसायिक ईमानदारी की मन-ही-मन सराहना करे तथा आपसे पुनः मिलने में उसे संकोच नहीं हो, बल्कि आनन्द की अनुभूति हो।

3
नोट लेना

यद्यपि अनुभवी पत्रकार बातचीत के दौरान नोट लिये बिना सारी भेंटवार्ता बाद में लिख डालते हैं, फिर भी नोट लेने की क्रिया का बुनियादी महत्त्व है। जितने सही और अच्छे नोट लिये जाएँगे, भेंटवार्ता के उतना ही अच्छा लिखा जाने की उम्मीद की जा सकती है। वैसे बातचीत के नोट रखने इसलिए भी जरूरी होते हैं ताकि चुनौती दिये जाने पर इन्हें अदालतों में पेश किया जाए या अदालतों के आदेश पर उन्हें पेश किया जा सके।

नोट लेना जितना सहज और सरल समझा जाता है, उतना वह है नहीं। सच तो यह है कि चूँकि भेंटदाता से प्रश्न करना, प्रश्नों के उत्तर सुनना और उन्हें लिखना, सब साथ-साथ किया जाता है, इसलिए सही नोट लेना एक कठिन काम है। यह अनुभव के साथ आता है या इसमें अभ्यास

से दक्षता प्राप्त की जा सकती है। कुछ लोग अच्छे प्रश्नकर्ता होते हैं, मगर खराब श्रवणकर्ता। ऐसे लोग प्रश्नों के उत्तर ठीक से समझ नहीं पाते। इनके नोट भी अधकचरे और दोषपूर्ण होते हैं। ऐसे ही संवाददाताओं की भेंटवार्ताओं की अधिक शिकायतें आती हैं। इसलिए जरूरी है कि प्रश्न करने के बाद उसका उत्तर ध्यान से सुना जाए और उसे सही-सही नोट किया जाए।

लेकिन, कई समालाप्य नोट-बुक देखते ही घबरा जाते हैं। कुछ तो नोट-बुक बन्द करने का आग्रह भी करते हैं और नोट न लिये जाने की शर्त पर ही बोलने को तैयार होते हैं। इसलिए नोट-बुक तपाक से नहीं खोलनी चाहिए। खोल ली गई हो तो जल्दी-जल्दी नोट लिखने की तत्परता नहीं दिखानी चाहिए।

किन्तु अधिसंख्य लोग चाहते हैं कि वे जो भी कहें आप उसे अवश्य लिखें और उन्हीं के शब्दों में लिखें। मनोवैज्ञानिकों का मत है कि महत्त्वपूर्ण सार्वजनिक व्यक्ति नोट-बुक देखकर बोलने को प्रोत्साहित होते हैं। वे समझते हैं कि उन्हें समुचित महत्त्व दिया जा रहा है। वे जो कहेंगे शायद वह इतिहास का अंग बननेवाला है, इसलिए उनकी बातों के विस्तृत नोट लेकर उन्हें प्रकाशित किया जाना चाहिए। ऐसे लोग आपके हाथ में नोट-बुक और कलम होना अपनी मात्र दो वाक्यों की बातचीत के लिए भी अनिवार्य मानते हैं। उन्हें भरोसा नहीं होता कि लिखी गई बातों को केवल स्मरण-शक्ति के बल पर ठीक-ठीक प्रस्तुत किया जा सकता है।

इस तरह नोट-बुक के इस्तेमाल की अनिवार्यता का कोई नियम निर्धारित नहीं किया जा सकता। हर समालाप्य के अनुसार इसका फैसला करना होता है। एक अनुभवी पत्रकार ने लिखा है कि हर बड़ा आदमी अपने आप में एक कानून है। आप अपना कोई नियम उस पर लागू नहीं कर सकते। ऐसे भी लोग हैं जो नोट-बुक देखने पर कभी बात नहीं करते और अन्य मौकों पर वही लोग बिना नोट लिखवाए बात नहीं करते। एक पुराने संवाददाता ने अपने संस्मरणों में लिखा है कि 'उनके भेंटदाताओं में फील्ड मार्शल लॉर्ड माउन्टगोमरी, फील्ड मार्शल सर चेटवोड, एडमिरल अर्ल

बेट्टी और सर थॉमस बीचैम की शर्त रहती थी कि मैं नोट-बुक का इस्तेमाल करूँ। लेकिन ऐसे भी अवसर आए जब इन चारों ने सामने से नोट-बुक न हटाए जाने तक बात करने से इन्कार किया।

फ्रांस के एक प्रसिद्ध संवाददाता और कुशलतम भेंटवार्ताकारों में गिने गए दि ब्लोवितस ने अपने जीवन में नोट-बुक का इस्तेमाल नहीं किया। उनके देश के एक राजनेता का कहना था कि "नोट-बुक आपका मुँह बन्द कर देती है और आँखें खोल देती है।" इसके विपरीत अमेरिका के एक अनुभवी रिपोर्टर का कहना है कि "महत्त्वपूर्ण व्यक्ति पत्रकार के हाथ में नोट-बुक और कलम देखकर मन-ही-मन सोचना शुरू कर देते हैं कि उसे जो कुछ बताया जा सकता है, बताना चाहिए।"

जो हो, सच यह है कि न हर पत्रकार की स्मरण शक्ति दि ब्लोवित्स की तरह तीव्र और दीर्घकाल तक बनी रहनेवाली होती है, न ही प्रत्येक राजनेता का मुँह नोट-बुकों को देखकर बन्द होता है, बल्कि अधिसंख्य बन्द मुँह नोट-बुक और कलम को देखकर खुल जाते हैं। इसलिए नोट-बुक के सम्बन्ध में प्रत्येक पत्रकार को समालाप्य व्यक्ति और परिस्थिति के अनुसार निर्णय करना चाहिए।

उपयोगिता

फिर भी, पूर्व के कुछ लोगों के इस मत को आज के युग में 'बेहूदा' मानना गलत होगा कि नोट-बुक भेंटवार्ता को नष्ट कर देती है। यदि नोट-बुक देखकर बिदकनेवाले थोड़े से लोगों को छोड़ दिया जाए तो आज नोट-बुक के प्रयोग की अनिवार्यता भेंटदाता और भेंटकर्ता दोनों पक्षों ने स्वीकार कर ली है। नोट-बुक का इस्तेमाल अब इसलिए भी वांछनीय है कि न आज के भेंटदाता और न ही आज की पत्रकारिता पहले जैसी सीधी और सरल है। इसलिए रिपोर्टिंग के लिए ही नहीं रिकार्ड रखने के लिए भी नोट-बुक का प्रयोग आवश्यक हो गया है। पहले पत्रकार कागज के किसी भी टुकड़े पर या अपनी हथेली पर नोट ले लिया करते थे, मगर अब नियमित नोट-बुक में लिखना और खबर बनाने के बाद उसे काफी समय तक

सुरक्षित रखना जरूरी समझा जाना चाहिए।

जैसे कि पहले कहा गया है कि नोट लेना सहज कार्य नहीं है। लम्बी भेंटवार्ताओं का हर शब्द नोट करना न सम्भव होता है, न जरूरी। सच तो यह है कि अनावश्यक विस्तार से नोट लेना समाचार या रूपक लिखने में ज्यादा समय लेता है और बाधाएँ पैदा करता है। तथापि सभी प्रमुख बातें यथा-सम्भव नोट कर लेनी चाहिए, भले ही उनमें से कुछ ही का इस्तेमाल किया जाए।

उद्धृत करने योग्य सारे कथन अक्षरशः भेंटदाता के शब्दों में नोट किए जाने चाहिए। इन्हें स्पष्ट न सुना जा सका हो या काई शंका रह गई हो तो भेंटदाता से उसी समय अथवा बाद में उन्हें दोहराने को कहना चाहिए।

अपनी आशुलिपि

पहले जमाने में सामान्यतः संवाददाता आशुलिपि (शार्टहैंड) का गुलाम होता था, किन्तु तब भी अनेक अच्छे संवाददाता आशुलिपि न जानते थे, न उन्होंने जानने की कोशिश की। हालाँकि अनेक वरिष्ठ पत्रकारों की सलाह है कि संवाददाता को आशुलिपि अनिवार्यतः सीखनी चाहिए। मेरी राय में यह जरूरी नहीं है। मेरा लम्बा अनुभव बताता है कि आशुलिपि न जानने पर समाचार जल्दी लिखा जाता है, केवल आवश्यक बातें ही छनकर अर्थपूर्ण ढंग से समाचार में समाहित होती हैं। आशुलिपि न जाननेवाला पत्रकार खबर के सार को समझने का बेहतर अभ्यस्त हो जाता है। फिर भी, संवाददाताओं को आशुलिपि के बिना उद्धरण नोट करने में कभी-कभी कठिनाई आती है। यदि उद्धृत करने योग्य कई बातें जल्दी-जल्दी कही जा रही हों तो उनमें से कुछ के छूट जाने की सम्भावना रहती है। इसलिए हर संवाददाता को चाहिए कि वह अपनी आशुलिपि खुद तैयार करें। बहुत सारे वरिष्ठ संवाददाता यही करते हैं। इसके अनेक रूप हो सकते हैं, किन्तु अक्सर निम्नलिखित तरीका अपनाया जाता है :

जिन शब्दों का अधिक प्रयोग होता है, उनके प्रथम अक्षरों को नोट कर लिया जाता है। कई शब्दों को संक्षेपकों और चिह्नों से लिखा जाता

है जैसे; तथा, इस पर भी के लिए +, बराबर के लिए =, विधानसभा के लिए विस, संसद के लिए सं, सरकार के लिए स, प्रधानमन्त्री के लिए प्रम, राष्ट्रपति के लिए रा, जम्मू-कश्मीर के लिए जक, मध्यप्रदेश के लिए मप्र, राजस्थान के लिए राज, विनियोग विधेयक के लिए विनि, विश्वविद्यालय के लिए विवि, भोपाल के लिए भो, लखनऊ के लिए लख, भ्रष्टाचार के लिए भ्र, भारत के लिए भा, पाकिस्तान के लिए पाक, है के लिए 0, 'नहीं' के लिए x, आदि-आदि। बार-बार आनेवाले वाक्यांशों का भी अपनी सहूलियत के हिसाब से संक्षेपण कर लिया जाता है। उदाहरणार्थ, राजनीति में भ्रष्टाचार बढ़ता जा रहा है को राजनी भ्र बढ़ता जा 0, 'उनका कहना सही नहीं है' को 'उनकसही x'।

कितना नोट करें

उद्धृत किए जानेवाले शब्दों और वाक्यों को पूरा नोट किया जाना चाहिए ताकि उन्हें हू-ब-हू प्रस्तुत करने में कोई सन्देह न रहे। नोट साफ हस्तलिपि में लिखे जाएँ जिससे कि बाद में उन्हें पढ़ने में दिक्कत न आए। अच्छा यह होता है कि भेंट खत्म होते ही सारे नोट पढ़ लिए जाएँ। अस्पष्ट शब्दों या वाक्यों को साफ-साफ लिख लिया जाए। जिनके बारे में भेंट के बाद भी शंका रह जाए, उन्हें भेंटदाता से फोन पर या मिलकर स्पष्ट करा लिया जाना चाहिए। नोट करते समय सन्दर्भों और कथाओं को पूरा न लिखें, पर उन्हें इंगित जरूर कर दें, ताकि संवाद लिखते समय वे याद आ जाएँ। सन्दर्भ अक्सर विस्मृत हो जाते हैं, किन्तु उनका जरा-सा सूत्र मिल जाए तो शीघ्र स्मरण हो आते हैं, इसलिए उन्हें नोट बुक में इंगित कर देना काफी होता है।

वार्तालाप के दौरान जो कुछ इंगित न किया जा सके, पर याद हो उसे भी नोट-बुक में सन्दर्भित स्थान पर लिख लेना चाहिए क्योंकि हो सकता है कि खबर लिखने तक आप उसे भूल जाएँ। जिन भेंटवार्ताओं के नोट भेंटदाता की हिचक या विरोध के कारण नहीं लिखे जाते, उन्हें तो अवश्य ताजा याददाश्त से पूरा-का-पूरा लिख डालना चाहिए।

याद रखिए कि भेंटवार्ता में कही गई बातों का रिकार्ड केवल आपके पास है (उसे समालाप्य द्वारा टेप किए जाने की असाधारण स्थिति को छोड़कर) और कहीं से उसे चेक नहीं किया जा सकता। इसलिए आपकी यह व्यावसायिक व नैतिक जिम्मेदारी होती है कि उसे प्रामाणिकता के साथ व पर्याप्त मात्रा में लिखें। जहाँ सन्देह हो वहाँ समालाप्य से पूछते रहें कि "क्या आपका तात्पर्य यही है ?" "कृपया यह बात फिर से समझाइए ना", आदि, आदि।

नोट लेते समय कुंजीगत शब्दों और वाक्यों को रेखांकित करते जाना चाहिए या हाशिए में उन पर निशान लगाते जाना चाहिए। इससे समाचार लिखने में आसानी होती है, मगर जो शब्द या वाक्य ज्यादा महत्त्वपूर्ण हों उन्हीं पर चिह्न लगाइए। बड़ी संख्या में चिह्न लगा दिए तो उनसे आसानी होने के बजाए उल्टे दिमाग में गड़बड़ पैदा हो जाएगी। आँकड़ों को साफ-साफ नोट करें। कभी-कभी कुछ शब्दों को सुनने में घपला हो जाता है। जैसे, बीस और तीस, आठ और साठ, उनहत्तर, उन्यासी और नवासी। इन्हें स्पष्ट करा लेना चाहिए।

नामों और पदनामों को सही नोट किए जाने के बारे में कोई समझौता नहीं होना चाहिए। व्यक्ति का नाम उसे मिला अत्यन्त निर्मल उपहार है जिसे बिगाड़ने का हक किसी को नहीं है। वह उसके जीवनभर की पहचान है। गलत पदनाम के इस्तेमाल से आप तो अपने को आलोचना का पात्र बना ही लेंगे, इससे भेंटदाता के साथ भारी अनर्थ हो सकता है। नाम और पदनाम ही नहीं उनके हिज्जे भी सही लिखे जाने चाहिए।

नोट लेते समय नज़र नोट बुक पर ही नहीं गड़ाए रखिए, बल्कि ऐसा अभ्यास बनाइए कि आपका हाथ लिखता रहे और आप समालाप्य की ओर देखते हुए उससे निर्बाध बातें करते जाएँ। समालाप्य की आँखों में देखिए, मगर न दुश्मनों की तरह और न प्रेमियों की नाईं।

टेपरिकार्डर

टेपरिकार्डरों का इस्तेमाल कीजिए। यह सही रिपोर्टिंग में सहायक होते हैं

किन्तु, इनका प्रयोग समालाप्य की नजर से बचाकर चोरी से न करें। याद रखिए धोखाधड़ी करना चालबाजों का धन्धा है, पत्रकारों का औजार नहीं। यदि भेंटदाता को टेप-रिकार्डर से परहेज हो तो उसे कदापि इस्तेमाल न करें बल्कि टेपरिकार्डर से कैसेट निकालकर एक तरफ रख दें। बहुत से लोग टेपरिकार्डर के सामने खुलकर बोलने से कतराते हैं। किन्तु राजनीतिज्ञ और दूसरे प्रमुख व्यक्ति, अब टेपरिकार्डरों के अभ्यस्त हो चले हैं। इनकी उपस्थिति उनके लिए पहले जैसी डरावनी चीज नहीं रही। कई लोग तो आपके रिकार्डर के साथ-साथ अपना टेपरिकार्डर खोलने के बाद बात शुरू करते हैं। इससे वे आश्वस्त हो जाते हैं कि उन्हें गलत उद्धृत नहीं किया जाएगा। टेपरिकार्डरों का एक लाभ यह है कि चलते-चलते किया गया समालाप भी इनके माध्यम से रिकार्ड किया जा सकता है जबकि उस हालत में विस्तृत नोट लेने कठिन होते हैं।

किन्तु टेंपरिकार्डर के बावजूद समालाप की महत्त्वपूर्ण और कुंजीगत बातों को नोटबुक में लिखते जाना चाहिए। इससे समाचार बनाने में आसानी होती है और कम समय लगता है। वास्तव में अनुभवी संवाददाताओं को टेप को लिप्यान्तरित करने की जरूरत नहीं होती। अक्सर वे इसे सुनते तक नहीं। इसका इस्तेमाल सिर्फ तब करते हैं जब उन्हें किसी कथन के बारे में सन्देह होता है या समालाप्य की किसी बात को उद्धृत करते समय सुनिश्चित कर लेना चाहते हैं कि उसने वही शब्द कहे थे जो लिखे जा रहे हैं।

टेपरिकार्डर पर अच्छा समालाप वह होता है, जिसमें संवाददाता और भेंटदाता दोनों ही बटन दबा देने के बाद भूल जाएँ कि वह चल रहा है और पूरी तरह से तनाव-रहित होकर खुली बातचीत करें। हर समय टेपरिकार्डर को ध्यान में रखने से समालाप बिगड़ सकता है, इसलिए ऐसे शक्तिशाली रिकार्डर का इस्तेमाल किया जाना उपयुक्त होता है, जो दूर रखे जाने पर भी साफ-साफ रिकार्ड कर ले। इसे समालाप्य और समालापक दोनों की नजरों से परे किसी जगह पर रख देना चाहिए। उसके बाद उसी सामान्य रूप से वार्ता आरम्भ की जाए, जैसे नोट-बुक लिये की जाती है।

4
भेंटवार्ता लेखन

भेंटवार्ता में प्रश्नों के फावड़ों से जानकारी का उत्खनन करने की प्रक्रिया यदि दुरूह है तो उससे भी ज्यादा कठिन होता है प्राप्त जानकारी को उसकी मूल भावनाओं को अभिव्यक्त करनेवाली भाषा से उपचारित करके प्रस्तुत करने का कार्य।

जैसे उत्तम नाट्यकृति भद्दे मंचन से प्रभावहीन हो जाती है वैसे ही एक अच्छी भेंटवार्ता उसके गलत प्रस्तुतिकरण से निरर्थक बन जाती है। अच्छी भेंटवार्ता की प्रभावी प्रस्तुति के लिए सही विषय का चयन, आलेख की सही संरचना और सही अभिव्यक्ति होना आवश्यक है। यह भी जरूरी है कि भेंटवार्ता को पूरी सावधानी और उत्तरदायित्व के बोध के साथ लिखा जाए।

भेंटवार्ता प्रश्नों से की जाती है, लेकिन उसे प्रश्नोत्तर के रूप में लिखना

जरूरी नहीं होता। इसे प्रश्नोत्तर शैली के अलावा ठोस समाचार या रूपक शैलियों में लिखा जाता है। लेकिन ऐसा नहीं है कि भेंटवार्ता को इन तीन शैलियों में से चाहे किसी भी शैली में लिख दिया जाए। हर शैली का अलग प्रभाव होता है। एक प्रकार की भेंटवार्ता को दूसरी प्रकार की शैली कम प्रभावी बना देती है। यदि वार्ता रंजक हो तो रूपक की शैली में लिखने से ही उसमें रंजकता का उभार आता है, घुटे-घुटे सवालों को चस्पा कर देने से नहीं।

समाचार शैली : यदि वार्ता गम्भीर या तकनीकी विषय पर की गई हो तो उसे साधारण प्रश्नोत्तर में लिख देने से शायद पाठक के पल्ले कुछ न पड़े। इस तरह की वार्ताओं के दौरान किसी भी बात का ठीक-ठीक अर्थ पहले खुद समझना और फिर पाठकों को समझाना होता है। इसलिए उसे ठोस समाचार शैली में लिखना चाहिए। प्रश्नोत्तर से प्राप्त जानकारी को अपने शब्दों में उसी तरह से लिखना चाहिए जैसे खबर लिखी जाती है। हाँ, बीच-बीच में एकाध सवाल-जवाब लिखना उसे रोचक बनाने के लिए अच्छा रहता है।

वैज्ञानिकों और तकनीकी विशेषज्ञों से कभी-कभी लम्बे सवाल-जवाब के बाद भी समझ में नहीं आता कि वे क्या कहना चाहते हैं। इसे समझने के लिए एक ही सवाल को कई तरह से पूछना पड़ता है। जवाब भी दोहराने या उनके स्पष्टीकरण की जरूरत होती है। स्पष्ट है कि इसे प्रश्नोत्तर के रूप में नहीं छापा जा सकता, क्योंकि आम पाठक द्वारा इसका अर्थ निकालना कठिन होता है। यदि ऐसे सवाल-जवाब का सार खबर की शैली में छापा जाए तो उपयुक्त रहता है।

मैंने एक बार ब्रिटेन में एक भारतीय जीव-रसायन विशेषज्ञ से, जो हृदय-रोग पर अनुसन्धान कर रहे थे, साक्षात्कार किया। वैज्ञानिक महोदय अपनी प्रयोगशाला में काम में लगे हुए थे। उनसे जब पूछा कि वे किस विषय और किस स्थापंना को लेकर अनुसन्धान कर रहे हैं तो उन्होंने मेरे लिए नितान्त अनजान तकनीकी भाषा में 15 मिनट तक 'लेक्चर' दे दिया। फिर मुझी से पूछा, ''आप समझ गए ना।'' मैंने कहा—''नहीं तो।'' मुझे

लगा कि 15 मिनट तक समझाने पर मैं उनके विषय के उस 'सरल प्रतिपादन' से कुछ नहीं समझ सका। उन्होंने पुनः समझाने की कोशिश की। मगर जिह्वा को मरोड़ देनेवाले उनके 'फाइब्रनोजन' जैसे शब्द ही मेरे लिए असाध्य पीड़ा बन गए। फिर मैं उनके तकनीकी प्रवचन से जो कुछ समझ पाया था उसके आधार पर सवाल करने लगा। जैसे, "आपने अभी-अभी जो बताया, उसका अर्थ यह है क्या ?" "क्या उसे इस तरह समझा जा सकता है ?" "उसे इस तरह से लिखना उचित होगा क्या ?" आदि-आदि। वैज्ञानिक महोदय अब तो हर सवाल पर 'हाँ' कहते चले गए, बीच-बीच में अपने ढंग से मेरे कथनों का विस्तार भी करते गए। थोड़ी देर के बाद वे बोले, "मैं इतनी देर से जो कह रहा था, वह क्या इतना सरल है ? 'अच्छा !' क्या सचमुच आप मेरे अनुसन्धान के बारे में इतने सहज रूप में लिखने जा रहे हैं ?" "हाँ" मैंने कहा।

बाद में साक्षात्कार को वहाँ की एक पत्रिका में प्रकाशित रूप में देखकर उन्होंने कहा—'मैं नहीं जानता था कि अपने जिस काम को हम वैज्ञानिक लोग कई लेक्चरों की शृंखला में बताते हैं वह इतना संक्षिप्त और सरल है।" कोई पौने दो घंटे की यह भेंटवार्ता आठ-दस पैरों में छपी जिसमें वैज्ञानिक का परिचय और उनके कार्य की पृष्ठभूमि के पैरे भी शामिल थे। और, वैज्ञानिक महोदय को इसको पढ़कर सुखद आश्चर्य हुआ कि उनकी पूरी बात कितने सुगम रूप से आ गई है, कोई पहलू छूटा नहीं।

यह इसलिए सम्भव हुआ कि उस भेंटवार्ता को लिखने के लिए समाचार शैली का उपयोग किया गया था। यदि सवाल-जवाब लिखा जाता तो यह कष्टप्रद माथापच्ची पाठक के सिर में दर्द कर देती, दर्जनों सवालों के बाद भी कोई बात उसके दिमाग में नहीं घुस पाती। जनवरी की उस बर्फीली शाम को चार-छह इंच तक बर्फ से ढकी सड़कों को लाँघते हुए किसी तरह उस वैज्ञानिक तक पहुँचकर ली गई भेंटवार्ता बेकार हो जाती।

बहुत सारे साक्षात्कार संक्षिप्त होते हैं। कई चलते-चलते किए जाते हैं। कुछ का उद्देश्य एक-दो विशेष जानकारियाँ लेना या स्पष्टीकरण प्राप्त करना मात्र होता है। कई ऐसे होते हैं जो एक विषय पर अनेक लोगों से

किए जाते हैं, जैसे; दुर्घटना के शिकार लोगों से, अपराधों के प्रत्यक्षदर्शियों से, किसी विशिष्ट घटना या सरकारी घोषणा पर प्रतिक्रिया प्राप्त करने हेतु, समाज के विभिन्न वर्गों से और विभिन्न पार्टियों के राजनीतिज्ञों आदि से किए गए साक्षात्कार। ऐसे साक्षात्कारों को समाचार शैली में लिखना बेहतर होता है।

किन्तु समाचार शैली में लिखे जाने पर भी समालापों की रपटों में रोचक, महत्त्वपूर्ण या असाधारण जवाबों को उचित सन्दर्भ में प्रश्नोत्तर के रूप में देना ठीक होता है। यह उन्हें अधिक पठनीय और ज्यादा विश्वसनीय बनाता है। अपनी रपटों में न सिर्फ ठोस जानकारी दें, बल्कि भेंट के दौरान देखी गई रोचक बातों, बातचीत के माहौल, उसमें आए उतार-चढ़ाव, आसपास के परिवेश, समालाप्य का संक्षिप्त विवरण आदि भी दें।

प्रश्नोत्तर शैली

व्यक्तित्वों का परिचय कराने के उद्देश्य से किए गए साक्षात्कार को प्रश्नोत्तर के रूप में लिखना प्रभावी होता है। इस शैली में सम्बद्ध व्यक्ति का अधिकतर विवरण उसी के शब्दों में पेश किया जाता है। इस तरह उसके व्यक्तित्व में अपने आप उभार आता जाता है। समालाप्य की उपलब्धियों का यथा-निष्पादित विवरण पाठकों को मिलता है। इन उपलब्धियों को प्राप्त करने के रहस्य का सहज रूप से उद्घाटन होता है।

अगर कोई व्यक्ति राष्ट्रपति, प्रधानमन्त्री, राज्यपाल, मुख्यमन्त्री, प्रधान-न्यायाधीश, विश्वविद्यालय का कुलपति या ऐसे किसी प्रमुख पद पर पहली बार आसीन हुआ हो, जिसके क्रियाकलाप, विचार और दर्शन लोगों के हित को प्रभावित करने जा रहे हों, तो उनसे की गई भेंटवार्ता का प्रयोजन ही जनता को उनकी पूर्व जानकारी देना होता है। लोगों में ऐसे व्यक्तियों को जानने की तीव्र जिज्ञासा होती है। उसे शान्त करने का उपयुक्त तरीका साक्षात्कार को प्रश्नोत्तर शैली में प्रस्तुत करना है।

विवादास्पद व्यक्ति या किसी विशिष्ट व्यक्ति के विवादपूर्ण कार्यों के

सम्बन्ध में किए गए साक्षात्कार भी प्रश्नोत्तर के रूप में लिखे जाते हैं। इससे साक्षात्कार की विश्वसनीयता स्थापित होती है तथा पाठकों को उसके सही होने का भरोसा मिलता है। समालाप्य को भी संवाददाता द्वारा उसके विचारों की अरुचिकर व्याख्या नहीं किए जाने का सन्तोष मिलता है और खुद संवाददाता दोष-ग्रन्थि से मुक्त रहता है।

लेकिन प्रश्नोत्तर शैली में किए गए साक्षात्कार में यह जरूरी नहीं है कि सभी सवालों के जवाब छापे जाएँ। असम्बद्ध, असंगत और अनावश्यक प्रश्नों और उनके उत्तरों को हटाया जा सकता है और उन्हें हटा ही दिया जाना चाहिए।

विचारकों, साहित्यकारों, कलाकारों, किसी विशिष्ट क्षेत्र में ख्याति अर्जित करनेवालों, बड़े पुरस्कार पानेवालों और असाधारण कार्य करनेवालों के साथ किए गए साक्षात्कार की रपट प्रश्नोत्तर शैली में लिखने पर वह अधिक प्रभावोत्पादक होती है। लेकिन रपट में शुरू से ही कोरा सवाल-जवाब न लिख डालिए। पहले समालाप का सन्दर्भ दीजिए, अर्थात् यह बताइए कि वह किससे और किस प्रसंग या आधार पर किया गया, भेंटदाता का क्या महत्त्व है, उसकी क्या विशिष्टताएँ हैं। बेहतर यह होता है कि समालाप में प्राप्त महत्त्वपूर्ण जानकारी पहले खुद समझ लें, फिर ठोस जानकारी की तरह उसका सार दे दें। इसके बाद उसे प्रश्नोत्तर के रूप में प्रस्तुत करें।

रूपक शैली

यह शैली रंजक भेंटवार्ताओं को उनके मनोरम रूप में प्रस्तुत करने के लिए अपनाई जाती है। जिस तरह समाचार-रूपक लिखा जाता है, उसी तरह भेंटवार्ता में प्राप्त जानकारी को आधार बनाकर रूपक लिखा जा सकता है। इस शैली में संवाददाता को समालाप्य के विषय में उन बातों को भी सम्मिलित करने की स्वतन्त्रता रहती है, जो चाहे समालाप से सीधे न निकली हों, परन्तु जिनके उल्लेख से रूपक में रंजकता आती हो।

किसी बड़े युद्ध के अवकाश प्राप्त नायक, किसी वीतराग विद्वान,

किसी विदूषी महिला, किसी बड़े वित्तीय घराने के अधिष्ठाता, किसी महान अन्वेषक, मानवता के हित में चलाए गए किसी प्रखर आन्दोलन या अभियान के प्रणेता-ऐसे व्यक्तित्वों से मानवीय पहलू से किए गए साक्षात्कारों को प्रस्तुत करने के लिए रूपक शैली से ज्यादा उपयुक्त कोई शैली नहीं है।

किन्तु रूपक शैली को अपनाते हुए इस बात का ध्यान रखें कि उसमें लिखते समय आप इतने भावविभोर न हो जाएँ कि चित्रण को अतिरंजित कर डालें। ऐसे बिम्बों और प्रतीकों का भी इस्तेमाल न करें जिनसे जीता-जागता साक्षात्कार 'इन्द्रजाल' लगने लगे।

आलेख की संरचना

साक्षात्कार लिखने से पूर्व अपने आप से प्रश्न कीजिए कि उसमें से सबसे महत्त्वपूर्ण बात क्या उभरी है। जो बात उभरी हो उसी से आलेख को आरम्भ करिए। मुख्य बात का उल्लेख संक्षेप में करने के बाद एक-एक विषय को उसके महत्त्व या रोचकता के अनुसार लिखिए, भले ही उनसे सम्बद्ध प्रश्न आगे-पीछे पूछे गए हों। कभी-कभी 'लीड' औपचारिक साक्षात्कार की समाप्ति पर हुई अनौपचारिक बातचीत में मिलती है। यदि वह 'ऑफ द रिकार्ड' नहीं मान ली गई हो तो उसे भी साक्षात्कार का हिस्सा समझकर उसी से आलेख शुरू कीजिए।

आलेख का प्रारम्भ जितनी महत्त्वपूर्ण बात से किया जाए, उसकी समाप्ति भी उतनी ही रोचक तथा अच्छे प्रसंग से करने की कोशिश करनी चाहिए। यदि आप वार्तालाप की ऐसी समाप्ति के लिए उपयुक्त सामग्री बातचीत के दौरान खोजने का प्रयत्न करते रहेंगे तो दस बार में से नौ बार वह आपको मिल जाएगी।

साक्षात्कार लिखने से पूर्व नोटों पर नजर डालकर यह निर्णय कर लें कि उनमें से कौन-कौन-से बिन्दु कितने महत्त्व के हैं। उन्हें उनके महत्त्व के क्रम में लिखिए, लेकिन यह बात देख लें कि कहीं आखिर तक पहुँचने तक आलेख रूखा न बन जाए। आलेख की सही संरचना वह होती है

जिसमें पाठक की रुचि अन्त तक बनी रहे। यह कला अभ्यास और अनुभव के साथ विकसित होती है। कच्चे खनिज की तरह वार्ताओं का भी बहुत सारा अंश छोड़ देने के लायक होता है। जैसे टनों अयस्क के खनन के बाद थोड़ा-सा सोना मिलता है, वैसे ही भेंटवार्ताओं का चमकदार अंश अत्यल्प होता है। लेकिन उसे निकालने के लिए दर्जनों सवाल पूछने पड़ते हैं, लम्बी चर्चाएँ करनी होती हैं पर लिखा वही जाता है जो शुद्ध धातु की तरह मूल्यवान व परिष्कृत होता है।

समालाप्य के शब्दों का यथासम्भव अधिकाधिक प्रयोग करके उसे प्रश्नोत्तर शैली में लिखना चाहिए अर्थात् समालाप में अधिकाधिक वही शब्द होने चाहिए जिनका इस्तेमाल समालाप्य द्वारा किया गया हो। जहाँ शक हो वहाँ इस प्रकार लिखा जा सकता है–'अमुक विषय पर एक प्रश्न के उत्तर में उनका मत यह था कि...' समालाप को आप अपने शब्दों में लिख सकते हैं, लेकिन इससे समालाप्य के कथनों का तात्पर्य नहीं बदलना चाहिए।

आलेख में अनावश्यक विशेषणों का इस्तेमाल नहीं करें। अपने भावातिरेक को प्रदर्शित न होने दें। विवरण को अतिरंजित न करें। पृष्ठभूमि और सन्दर्भ संक्षिप्त रखें। उन्हें उतना ही लिखें, जितना समझने के लिए संगत व पर्याप्त हो।

भेंटदाता के आचरण पर या व्यवहार पर गैर-जरूरी टिप्पणी न करें। ऐसा न लिखें कि 'भेंटदाता सवालों में फँस गए', 'बगलें झाँकने लगे', 'जवाब टालने में गुरु निकले'। जो बातें समालाप्य ने नहीं कही हो उसे अपनी धारणा के आधार पर उसकी तरफ से न लिखें। जैसे, अगर उसने यह कहा है कि अमुक कदम का कोई और विकल्प भी हो सकता था, तो यह न लिखें कि 'वे महसूस करते हैं कि "अमुक कदम उठाकर उन्होंने अच्छा नहीं किया।" इसी तरह अगर कोई मन्त्री या जनरल कहे कि सेना में महिलाओं को रेजीमेन्ट बनाने की योजना विचाराधीन है तो 'लीड' बनाने के अति उत्साह में यह न लिख डालिए कि 'अब सेना में महिलाओं की अलग रेजीमेन्ट होगी।' ऐसा अक्सर लिखा गया है, जिसके कारण अखबार

को बाद में खंडन छापना पड़ा है।

सवालों की आड़ में अपने विचार न लिखिए। याद रखिए कि भेंटवार्ता में आप समालाप्य के विचार बता रहे हैं। आपके विचारों की अभिव्यक्ति की जगह और कहीं है, यहाँ नहीं। सही शब्द और सटीक भाषा का प्रयोग करें, पांडित्यपूर्ण भाषा का नहीं। अच्छी भेंटवार्ताओं में भाषा की कलाबाजियों के लिए कोई स्थान नहीं होता। सवाल और जवाब को आपस में बोलने दीजिए, आप यथा-सम्भव तटस्थ रहिए।

ऑफ द रिकार्ड

अनेक बार भेंटदाता अपने कुछ प्रश्नों को 'ऑफ द रिकार्ड' कहकर उन्हें न छापने का अनुरोध करते हैं। उन्हें इसका अधिकार है। पत्रकारों में इस बात पर आम सहमति है कि यदि कोई सूत्र ऐसा अनुरोध करता है तो उसे स्वीकार कर लेना चाहिए। संवाददाता द्वारा इसे स्वीकार कर लेने के बाद उसे प्रकाशित नहीं करने की उसकी नैतिक प्रतिबद्धता हो जाती है। मगर इसका अर्थ यह नहीं है कि रोकी गई जानकारी को कभी प्रकाशित नहीं किया जा सकता। पत्रकार इस जानकारी को प्रायः बाद में इस्तेमाल करते हैं, किन्तु समालाप्य का नाम लिखे बिना। हाँ, यदि 'ऑफ द रिकार्ड' कहने के बाद समालाप्य ही इसे निश्चित अवधि के बाद छापने की बात कह दे तो उसके नाम से उसे छापा जा सकता है।

प्रश्न किया जा सकता है कि यदि 'ऑफ द रिकार्ड' कही गई बातें अन्य सूत्रों से प्राप्त हो चुकी हों तो क्या उन्हें प्रकाशित नहीं किया जा सकता ? इसका उत्तर है–निश्चय ही किया जा सकता है, किन्तु 'ऑफ द रिकार्ड' का अनुरोध करनेवालों को यह बता देना चाहिए। यदि ऐसी जानकारी किसी अन्य सूत्र से मिले तो उसे छापने के लिए भी पत्रकार स्वतन्त्र होगा। वास्तव में समालाप्य को सचेत कर देना चाहिए कि उसके द्वारा प्रतिबन्धित की जा रही जानकारी दूसरे सूत्रों से प्राप्त की जा सकती है, इसलिए बेहतर यही होगा कि वह स्वयं उसे छपने दे।

कुछ सम्पादक इस मत के हैं कि कोई भी कथन 'ऑफ द रिकार्ड' नहीं

हो सकता। यदि सूत्र कहता है कि उसकी कोई बात नहीं छापी जाए तो उसे उसका उल्लेख ही नहीं करना चाहिए। अगर वह उसका उल्लेख करता है, तो उसे न छापने की बाध्यता भेंटकर्ता पर नहीं थोपी जा सकती।

मगर अधिसंख्य पत्रकार मानते हैं कि 'ऑफ द रिकार्ड' जानकारी की भी उपयोगिता है, क्योंकि उससे महत्त्वपूर्ण प्रकरणों और स्थितियों को समझने में मदद मिलती है, भले उसे तत्काल प्रकाशित नहीं किया जा सके। कभी-कभी 'ऑफ द रिकार्ड' के आधार पर किसी जानकारी को कुछ समय तक प्रकाशित न करने के बाद बड़े समाचार बनते हैं, जबकि उनके तत्काल प्रकाशन से इसकी सम्भावना नष्ट हो जाती है।

उदाहरणार्थ, मान लीजिए कि सरकार कुछ कर-वंचकों के देशव्यापी ठिकानों पर एक-साथ धावा बोलने जा रही है। कोई सम्बद्ध अधिकारी इसकी जानकारी आपको 'ऑफ द रिकार्ड' की शर्त पर देता है। आप उसे तुरन्त प्रकाशित नहीं कर सकते लेकिन इससे आपको एक बड़ी खबर की पूर्व सूचना तो मिल गई। अब आप आसन्न कार्यवाही की जीवन्त कवरेज के लिए अच्छी तैयारी करके उसका प्रत्यक्षदर्शी विवरण दे सकते हैं। इस पूर्व सूचना के बिना आपको शायद छापा दलों पर या अन्य सरकारी अधिकारियों द्वारा अभियान के बाद में दी गई अधकचरा और एक-तरफा जानकारी पर निर्भर करना पड़ता। यदि इस सूचना को आप छापों से पहले छाप दें तो अभियान विफल हो सकता है जिससे आप एक बड़ी खबर के बनने में खुद बाधक बनेंगे।

परन्तु 'ऑफ द रिकार्ड' की एक महत्त्वपूर्ण समस्या यह है कि चालाक राजनीतिज्ञ और अन्य कुटिल लोग इसका इस्तेमाल करके या इसकी आड़ में अपने विरोधियों पर दोषारोपण कर संवाददाताओं को उनके खिलाफ प्रभावित करने की कोशिश करते हैं। कुछ लोग आपको तो ये आरोप छापने के लिए प्रोत्साहित करते हैं मगर खुद बच निकलना चाहते हैं ताकि यह पता न चले कि आरोप लगानेवाला कौन है। 'ऑफ द रिकार्ड' के ऐसे अनुरोधों को स्वीकार नहीं किया जा सकता। कई बार तो राजनीतिज्ञ और अधिकारी अपने विचाराधीन कदमों पर लोगों की प्रतिक्रिया जानने के

उद्देश्य से अपने को गुमनाम रखते हुए अप्रिय बातें छपवाते हैं। हाँ, जब कभी इनमें भी कोई ठोस खबर दिखाई दे तो उसे 'जानकार सूत्रों' के हवाले से छापना उपयुक्त हो सकता है।

मान लीजिए कि कोई मुख्यमन्त्री अपने किसी मन्त्री को गुटबाजी या भ्रष्टाचार के आरोपों के कारण हटाना चाहता है। उसने दल के हाईकमान से इसकी अनुमति माँगी है। मुख्यमन्त्री यह बात किसी संवाददाता को 'ऑफ द रिकार्ड' बताता है। इस पर 'विश्वस्त सूत्रों' का उल्लेख करते हुए यह लिखा जा सकता है कि 'अमुक मन्त्री को मन्त्रिपरिषद से हटाए जाने की सम्भावना है। मुख्यमन्त्री ने उससे इस्तीफा माँगने का मन बना लिया है। इसके लिए उसने पार्टी हाईकमान से अनुमति माँगी है।' अब अगर संवाददाता मुख्यमन्त्री को इसका सूत्र बताते हुए खबर छापता है तो शायद मुख्यमन्त्री उसका खंडन कर देगा।

कहने का तात्पर्य यह है कि 'ऑफ द रिकार्ड' अनुरोधों को न मानने का अकाट्य नियम नहीं बनाया जा सकता है। सच तो यह है कि बहुचर्चित वाटरगेट घोटाला या भागलपुर पुलिस द्वारा विचाराधीन कैदियों की आँखें फोड़ने के मामले कभी उद्‌घाटित नहीं होते अगर संवाददाता 'ऑफ द रिकार्ड' सिद्धान्त का पालन न करते। मगर संवाददाताओं को 'ऑफ द रिकार्ड' के अनुरोध के बारे में पूरा सावधान रहना चाहिए ताकि भेंटदाता इसका दुरुपयोग न कर सके।

भाषा

आमतौर से संवाददाता सूत्रों के कथनों और भावों को अपनी भाषा और शैली में प्रस्तुत करते हैं लेकिन भेंटवार्ता की रपटों में भेंटदाता के शब्दों का यथासम्भव अधिकाधिक प्रयोग करना चाहिए। क्लिष्ट, अस्पष्ट, भद्दे या अटपटे शब्दों को सामान्यतः परिमार्जित करके छापा जाता है। किन्तु अनेक बार इन्हें अवतरण-चिह्नों के बीच लिख देना अच्छा और उचित होता है। इससे उस व्यक्ति की वास्तविकता उजागर होती है।

असाधारण व महत्त्वपूर्ण सनद रखने के लायक या दोषारोपण

करनेवाले अथवा अति भावुकतापूर्ण कथनों को भेंटदाता के शब्दों में ज्यों का त्यों उद्धृत करना चाहिए। इससे भेंटवार्ता की विश्वसनीयता बढ़ती है और उसमें रोचकता का पुट भी आता है, लेकिन उद्धरण अक्षरशः सही हों, इसका ध्यान रखिए। अप्रत्यक्ष उद्धरणों की भाषा को थोड़ा-बहुत बदला जा सकता है, मगर इससे कथन का भाव नहीं बदलना चाहिए।

भेंट के वातावरण या भेंटदाता के व्यक्तित्व को उसके यथार्थ रूप में चित्रित करने के लिए साहित्यिक और लच्छेदार भाषा का अवलम्बन किया जा सकता है किन्तु वार्ता के समाचार पक्ष को प्रवाहमान, सरल शब्दों में लिखा जाना चाहिए। शब्दों का अनावश्यक चमत्कार दिखाने की लालसा भेंटवार्ता को नष्ट कर देती है। संवाददाता को सदैव इसका लोभ संवरण करना चाहिए।

5
कुछ भेंटवार्ताओं का विश्लेषण

अब कुछ छपित भेंटवार्ताओं की शव-परीक्षा करके देखा जाए कि इन्हें किस प्रकार किया और लिखा गया। चुने गए साक्षात्कारों में कुछ हिन्दी और कुछ अंग्रेजी के समाचार-पत्रों से लिए गए हैं। एक साक्षात्कार वह है जिसे एक वीडियो पत्रिका ने किया था किन्तु उसे एक समाचार-पत्र ने भी छापा। ये सारे नमूने राष्ट्रीय और क्षेत्रीय दोनों प्रकार के पत्रों से हैं, लेकिन इन सबके नाम जान-बूझकर नहीं दिए जा रहे हैं।

सबसे पहले एक भाषाई संवाद समिति द्वारा प्रसारित भेंटवार्ता (पृ. 79) को देखें जिसमें श्री सुन्दरलाल बहुगुणा के साथ समालाप किया गया है। श्री बहुगुणा निश्चय ही एक 'जाने-माने पर्यावरण प्रेमी' हैं—जैसा कि समाचार के इन्ट्रो में कहा गया है। इसलिए उनके साथ भेंटवार्ता में

देश कर्ज़दार व पंगु बनगया है: सुंदरलाल बहुगुणा

नयी दिल्ली 25 जुलाई जाने माने पर्यावरण प्रेमी सुंदरलाल बहुगुणा का दृढ़ मत है कि अनियोजित और अंधाधुंध विकास ने युद्ध का भय, प्रदूषण और भूख जैसी समस्यायें पैदा की हैं तथा इनसे मुक्ति पाने के लिये मानव जाति के अस्तित्व का घोषणा पत्र तैयार कर उसे अमल में लाया जाना चाहिये। श्री बहुगुणा ने यूनीवार्ता के साथ एक साक्षात्कार में कहा कि विज्ञान और प्राद्यौगिकी के पीछे बिना सोचे समझे भागने का नतीजा यह हुआ कि आज देश कर्ज़दार और पंगु बन गया है।

यह अपेक्षा की जाती थी कि उनके जाने-माने कथनों को दोहराया नहीं जाएगा बल्कि उनसे नई बातों की जानकारियाँ प्राप्त की जाएँगी। फिर श्री बहुगुणा पर्यावरण 'प्रेमी' ही नहीं हैं, एक ऐसे अभूतपूर्व आन्दोलन के प्रणेता हैं जिसकी ओर सारे विश्व का ध्यान आकृष्ट हुआ है।

इस आन्दोलन के सिलसिले में श्री बहुगुणा की भावी योजनाएँ और कार्यक्रम क्या हैं ? इन्हें आगे बढ़ाने के लिए वे क्या कर रहे हैं ? ऐसी बातों की जानकारी पाना उनसे की गई किसी भी विशेष भेंट का लक्ष्य होना चाहिए था। जानकारी पाने के बाद उसी को प्रमुखता से प्रस्तुत करना भेंटवार्ता को लिखने का तरीका होना चाहिए था, न कि उन ज्ञात विचारों को नए शब्दों में बताना जिन्हें वे जगह-जगह पर अनेक बार अभिव्यक्त कर चुके हैं।

इस लम्बी भेंटवार्ता में संवाददाता सिर्फ इतनी जानकारी पाठकों को दे सका है कि श्री बहुगुणा पर्यावरण के विनाश के प्रति लोगों को सजग करने के लिए गंगासागर से गंगोत्री तक की पैदल यात्रा करेंगे। शेष सारे कथन इस जाने-माने व्यक्ति के जाने-माने विचारों की पुनरुक्ति हैं। मगर इस थोड़ी-सी जानकारी को लिखते हुए भी बेचारे पाठकों को खुद यह अनुमान लगाने के लिए गंगा की गहराइयों में गोते खाने के लिए छोड़ दिया है कि गंगासागर कहाँ स्थित है और गंगोत्री से उसका कितना फासला है। इस पर भी यह एक मात्र नई जानकारी समाचार में कोई डेढ़ सौ पंक्तियों के बाद दी गई है जबकि उसे इसी से शुरू किया जाना चाहिए था।

इस भेंटवार्ता में पृष्ठभूमि की भरमार है, परन्तु उसे प्रभावी ढंग से प्रस्तुत नहीं किया जा सका। सच तो यह है कि जाने-माने व्यक्ति की उपलब्धियों और कार्यों की चर्चा ज्यादा करने की जरूरत नहीं होती। प्रारम्भिक परिचय के लिए आवश्यक थोड़ी पृष्ठभूमि देने के बाद उसका उल्लेख तभी करना चाहिए जब किसी नई जानकारी या विचार को पिछले सन्दर्भों से जोड़ना हो। जैसे, यह जानकारी देने के साथ कि श्री बहुगुणा बंगाल की खाड़ी के निकट स्थित गंगासागर स्थल से लेकर गंगा के उद्गम-स्थल तक इतने किलोमीटर लम्बी यात्रा पैदल करेंगे, यह भी बताया

जा सकता है कि वे पहले भी इसी उद्देश्य से श्रीनगर से मणिपुर तक 870 किलोमीटर की पद-यात्रा तीन सौ दिन चलकर कर चुके हैं।

एक बात और। प्रकाशित समाचार में जिस श्रीनगर का उल्लेख किया गया है वह सम्भवतः उत्तर प्रदेश के गढ़वाल मंडल का एक जिला मुख्यालय श्रीनगर है, न कि कश्मीर की राजधानी श्रीनगर क्योंकि कश्मीर के श्रीनगर का कोहिमा से फासला कहीं ज्यादा है। अतः सन्दर्भ देते समय उसके सही होने का भी ध्यान रखना चाहिए। वास्तव में गढ़वाल का श्रीनगर ही इस समाचार के सिलसिले में ज्यादा उपयुक्त है क्योंकि जिस टिहरी बाँध के निर्माण के विरोध में यात्रा की गई थी, वह इसी क्षेत्र में निर्मित हो रहा है।

इस भेंटवार्ता को लिखने में गलत शैली का प्रयोग किया गया। यह ठोस समाचारों के लिए की गई भेंटवार्ता थी ही नहीं, यह तो अच्छे रूपक की विषय-वस्तु थी। इसे उसी रूप में लिखा जाना चाहिए था, तभी इसमें वह रंग आता जिसकी असफल चेष्टा की गई है। अतः इसे प्रश्नोत्तर के रूप में नहीं रूपक के रूप में लिखा जाना चाहिए था। जिस 'रोचक प्रसंग' का उल्लेख संवाददाता ने किया है उसका अच्छा इस्तेमाल आलेख को सचमुच रोचक बनाने के लिए किया जा सकता था। 'सभ्यता को एक बोतल में डूबोकर चला गया' शब्द अत्यन्त मार्मिक है, लेकिन इन्हें जिस तरह आलेख के अन्त में लिखा गया है उससे ये मर्म को छूने में नितान्त विफल रहे हैं। इस बात को भेंटकर्ता रूपक शैली में लिखता तो बात ही कुछ और होती।

इस भेंटवार्ता का लेखन तो प्रभावहीन है ही इसका शीर्षक भी चलाऊ बनाया गया है। इसमें भी ज्यादा दोष संवाददाता का ही है, उप-सम्पादक का कम। अगर संवाददाता रूपक बनाता तो उसका शीर्षक शायद यह होता—'सभ्यता को एक बोतल में डुबोनेवाला आदमी' अथवा यह—'प्रदूषित जल की एक बोतल में डुबी एक सभ्यता'। इसी तरह 'प्रकृति के साथ हमारा रिश्ता कसाई का है', 'दिल्ली सबसे असभ्य जगह है'—ऐसे वाक्य भी रूपक को पाठक के रोम-रोम में सिहरन पैदा करने वाले बना देते हैं।

आलेख के छठे पैरा में श्री बहुगुणा द्वारा बड़े बाँधों के अभिशाप बन जाने के सम्बन्ध में कही गई बातों का चित्रण प्रभावी ढंग से नहीं किया जा सका है। विकास की अन्धी दौड़ में सोवियत रूस ने 'फ्रांस के कुल क्षेत्रफल के बराबर अपनी जमीन को बड़े बाँधों के कारण खो दिया है', यह एक भयावह तथ्य है। किन्तु इसकी भयावहता का कोई असर समाचार पढ़ने पर पाठक के दिमाग में नहीं होता। फिर 'दावा' शब्द का गलत प्रयोग करके इस तथ्य की गम्भीरता को न केवल घटा दिया गया है बल्कि श्री बहुगुणा के कथन की विश्वसनीयता पर ही अनचाहे प्रश्न-चिह्न लगा दिया गया है। यदि संवाददाता को उनके कथन की सत्यता पर शक था तो उसे किसी अन्य तरीके से इसे स्पष्ट करना चाहिए था। 'श्री बहुगुणा ने दावा किया' शब्दों की जगह 'श्री बहुगुणा का कहना था' लिखना बेहतर और उचित होता। दसवें और ग्यारहवें पैरों में भी श्री बहुगुणा के महत्त्वपूर्ण कथनों का भाव उभारा नहीं जा सका, बल्कि अटपटी वाक्य-रचनाओं से उन्हें अर्थहीन बना दिया गया है।

यह एक ऐसा साक्षात्कार है, जिसमें भेंटदाता भेंटकर्ता से खुलकर सहयोग कर रहा है। वह अपनी ओर से पूरी जानकारी देने को उत्सुक है, और चाहता है कि उससे और सवाल किए जाएँ। लेकिन संवाददाता ने उससे विस्तृत जानकारी पाने की चेष्टा ही नहीं की जबकि इसके लिए अनेक सवाल किए जाने की भारी गुंजाइश थी।

श्री बहुगुणा द्वारा गंगासागर से गंगोत्री तक की यात्रा करने की योजना बताने पर संवाददाता को उनसे इस यात्रा का ब्यौरा लेना चाहिए था। उनसे पूछा जा सकता था—यह यात्रा आप किन-किन स्थानों से होकर करेंगे ? कितने और कौन-से प्रमुख व्यक्ति आपके साथ चलेंगे ? यात्रा के दौरान क्या कार्यक्रम रहेंगे ? गंगोत्री कब पहुँचेंगे ? पिछली श्रीनगर-कोहिमा यात्रा के क्या अनुभव रहे ? जब उस यात्रा के बाद भी सरकार टिहरी बाँध बनाने के अपने इरादे से टस से मस नहीं हुई तो एक और लम्बी यात्रा से अपने को कष्ट देने से आप क्या पा लेने की उम्मीद करते हैं ? अपनी बात शासकों और जनता तक पहुँचाने का कोई बेहतर उपाय आपको नहीं

दिखता, आदि-आदि। इन सवालों से शायद एक बढ़िया समाचार बनता।

हाँ, यहाँ यह बात अवश्य कहनी होगी कि इस भेंटवार्ता में संवाददाता के सवाल इस दृष्टि से ठीक थे कि उनका उत्तर विस्तारपूर्ण ही हो सकता था। उसने 'हाँ' या 'ना' के उत्तरों वाले सवाल नहीं पूछे।

अगली भेंटवार्ता (पृष्ठ 84) में यदि भेंटकर्ता का उद्देश्य श्री देवीलाल से ये जानना था कि चुनावों में हार के बाद उनका क्या हाल है और वे भविष्य की क्या योजना रखते हैं, तो यह साक्षात्कार बहुत हद तक सफल रहा है। वार्तालाप का लेखन भी प्रभावी है। भेंट के प्रारम्भिक सवाल क्या थे, इसका पता लेख से नहीं चलता फिर भी उसे पढ़ने से स्पष्ट है कि वे सही रहे होंगे।

भेंटवार्ता को लिखने का ढंग सही और प्रभावकारी है। चूँकि इसमें 'रंग' का प्रयोग किया जाना उचित था, इसलिए इसे प्रश्नोत्तर के रूप में न लिखना शैली सम्बन्धी सही निर्णय था। आलेख का प्रारम्भ अच्छा है। चित्रण रोचक है किन्तु पृष्ठभूमि को छोटा रखा जाता तो उससे भेंटवार्ता का प्रभाव और बढ़ता। लेकिन दूसरे कॉलम के चौथे पैरा में जहाँ संवाददाता ने कहा है कि श्री देवीलाल की बुनियादी राजनीति हमेशा अन्य पार्टियों से गठजोड़ों के छोटे रास्तों के जरिए सत्ता पाने की रही है, वहाँ उसने इस कथन का कोई उदाहरण नहीं दिया। इस भेंटकर्ता के लेखन की यह कमी है।

इस साक्षात्कार का अन्त भी प्रभावकारी है, लेकिन इसमें की गई राजनीतिक टिप्पणियाँ, साक्षात्कार के सिद्धान्तों से मेल नहीं खातीं। नए पत्रकारों को इससे विशेष रूप से बचना चाहिए। लेकिन, जिस प्रकार के पत्र के लिए यह राजनीतिक साक्षात्कार एक अनुभवी पत्रकार द्वारा लिखा गया है, उसे देखते हुए इन टिप्पणियों को सर्वथा अमान्य नहीं किया जाएगा। वैसे संवाददाता ने श्री देवीलाल के बारे में अपने विचारों को अभिव्यक्त नहीं होने दिया, यही सही पत्रकारिता है।

इस समाचार पत्र के लिए श्री विश्वनाथ प्रताप सिंह से किया गया साक्षात्कार (पृष्ठ 90) कई दृष्टियों से दोषपूर्ण है। सबसे बड़ा दोष तो यही

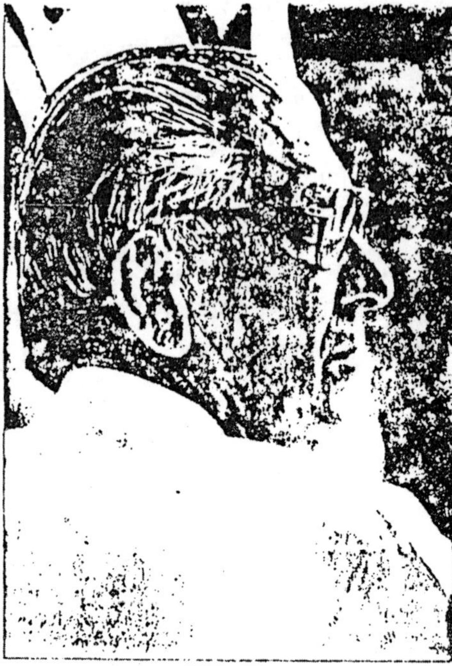

INTERVIEW

'We should support the Congress-I'

Former deputy prime minister, Devi Lal who was recently defeated in the parliamentary as well as assembly elections in Haryana, shows no sign of retiring from politics. In this interview with MK Venu, he states the reason for his defeat, talks about his future plans, feels that the Bharatiya Janata Party must be checked and seems to see the Congress-I as his closest ally for the moment

है कि भेंट करनेवाली संवाददाता श्री सिंह की सचमुच समर्थक हो या न हो, उनका पूरा साक्षात्कार एक कट्टर अनुयायी के मनोभावों की जोशीली अभिव्यक्ति के रूप में ध्वनित होता है। निष्पक्ष पत्रकारिता की दृष्टि से यह अनुचित ही नहीं आपत्तिजनक भी है।

इस भेंटवार्ता का प्रारम्भ एक सम्यक् उद्धरण से किया गया है। लेकिन पत्रकार ने कई विशेषणों और पक्षपातपूर्ण टिप्पणियों से यह तस्वीर प्रस्तुत की है कि वह और पूर्व प्रधानमन्त्री मनोभावों में पूर्णतः एकाकार हो गए हैं। 'पूर्व प्रधानमन्त्री के शब्दों के नीचे फौलादी संकेत हैं' जैसे वाक्य यही आभास देते हैं। इस तरह के कथन और टिप्पणियाँ साक्षात्कार की विश्वसनीयता को नष्ट कर देती हैं। यदि संवाददाता सहमति और सराहना के अपने भावों को अलग रखकर श्री सिंह के कथनों को साक्षात्कार का आधार बनातीं तो यह एक अच्छी भेंटवार्ता होती।

यों इस भेंटवार्ता को शुद्ध भेंटवार्ता कहना ठीक नहीं होगा, यद्यपि पत्र ने इसे 'भेंटवार्ता' के स्लग से प्रस्तुत किया है। वास्तव में यह चुनाव अभियान की रिपोर्ट और साक्षात्कार का मिश्रण है। कुल मिलाकर जिस प्रचुर प्रशंसा और प्रचंड सहमति के स्वर में इसे पेश किया गया है इससे रिपोर्ट और समालाप दोनों का प्रस्तुतिकरण दोषपूर्ण है। मगर इस पहलू से इसका लेखन अच्छा है कि इसमें समालाप्य के शब्दों को जगह-जगह पर उद्धृत किया गया है।

अब एक बहुत अनुभवी और वरिष्ठ संवाददाता द्वारा प्रधानमन्त्री श्री वी.पी. नरसिम्हराव से की गई भेंटवार्ता (पृष्ठ 92) का विश्लेषण करें। यह एक अच्छा फिर भी कई त्रुटियों से भरा साक्षात्कार है। इसका पहला सवाल भेंटवार्ता की बढ़िया शुरुआत करता है। इससे नए प्रधानमन्त्री को अपना तात्कालिक कार्यक्रम विवेचित करने को कहा गया है, लेकिन श्री नरसिम्हराव ने विवेचना न करके एक सामान्य उत्तर दिया। इस तरह पर्याप्त उत्तर न मिलने पर संवाददाता ने सवाल को दूसरे शब्दों में आगे बढ़ाया। यही सही तरीका होता है। लेकिन उसका भी काफी जवाब नहीं मिल सका।

अब संवाददाता ने और आगे कोशिश न करके एक लम्बा सवाल कर डाला। यह ठीक नहीं हुआ क्योंकि श्री राव ने चौदह पंक्तियों में सामान्य-सा जवाब देकर छुट्टी पा ली। यदि संवाददाता ने विशिष्ट मुद्दों पर छोटे-छोटे सवाल करके बात को आगे बढ़ाया होता तो उसे कदाचित ज्यादा ठोस जानकारी मिलती।

संवाददाता ने अगले दो सवालों के बाद पहले प्रश्न के विषय की ओर पुनः लौटने का प्रयास किया, लेकिन जब एक बार फिर लगभग कोरा जवाब मिला तो वह एक बड़ी गलती कर गया। अनुभवी संवाददाताओं से इसकी अपेक्षा नहीं की जाती है। परन्तु जब भेंटवार्ता पर संवाददाताओं का नियन्त्रण ढीला हो जाता है तो उनसे भी ऐसी भूलें हो जाती हैं। गलती यह थी कि संवाददाता ने सत्ता परिवर्तन के बाद नौकरशाही के मन में आशंकाएँ व्याप्त होने का सवाल पूछ डाला जो कि अब तक की वार्ता से असम्बद्ध था। साथ ही इस सवाल में संवाददाता का अपना मत और परोक्ष सुझाव भी शामिल था। मगर वह अपने कथन की पुष्टि नहीं कर सका। फलतः समालाप्य के उत्तर ने उसे लाजवाब कर दिया। अब भेंटकर्ता के बजाए भेंटदाता ने अपना दबाव बना लिया। अगर भेंटकर्ता वरिष्ठ पत्रकार न होता तो भेंटवार्ता नष्ट हो सकती थी। आगे के कुछ सवालों में प्रधानमन्त्री ही भारी पड़े। उन्होंने उलटे संवाददाता पर कई सवाल जड़ दिए और यहाँ तक कह दिया कि उसने दूसरों से ये क्यों नहीं पूछा ? "राज्यपालों को बदलने के लिए उनसे जवाब-तलब क्यों नहीं किया ?" क्या हमने 1980 में राज्यपाल बदले ?" "1984 में बदले थे ?" "आप दूसरों के साथ हमें क्यों जोड़ते हैं ?" "आपको उनसे पूछना चाहिए था कि उन्होंने ऐसा क्यों किया ?" "मुझे नहीं मालूम कि आपने उनसे पूछा होगा ?" संवाददाता की इस एक गलती के बाद जब उसने मध्यप्रदेश, राजस्थान और पंजाब के बारे में अच्छे और पैने सवाल पूछे तो पहले से बनाए गए दबाव के कारण श्री नरसिम्हराव उन्हें टाल देने में सफल हो गए। पत्रकार अपनी चाही बात नहीं निकलवा पाया और इस विषय पर उसके सवाल बेकार हो गए।

फिर भी, भेंटवार्ता का यह सिद्धान्त वह नहीं भूला कि संवाददाता को धीरज नहीं खोना चाहिए और सवालों को नया मोड़ देकर उन्हें पूछते रहना चाहिए। अतः संवाददाता ने अब रुपए के अवमूल्यन पर एक सीधा और सधा हुआ सवाल पूछकर वार्ता पर अपनी पकड़ पुनः जताने की कोशिश की, जो बहुत हद तक सफल रही। फलतः उसके इस छोटे सवाल का प्रधानमन्त्री को लम्बा और श्रमसाध्य उत्तर देना पड़ा। परन्तु आर्थिक सुधारों पर ढीला सवाल करके संवाददाता ने इस लाभ को भी खो दिया। उसने अपनी ओर से लम्बी भूमिका प्रस्तुत करने के बाद सिर्फ इतना पूछकर कि "क्या इस पर आप कुछ कहना चाहेंगे" प्रधानमन्त्री को सीधा जवाब देने के बजाए कोरा सिद्धान्त कह डालने का अवसर दे दिया। यदि संवाददाता इस अवसर पर सीधे और पैने लघु प्रश्न पूछता जिनके श्री राव को स्पष्ट उत्तर देने पड़ते तो उसे बेहतर जानकारी मिलती। साथ ही वार्ता पर उसकी पकड़ बनी रहती।

इसी प्रकार मूल्य वृद्धि पर पूछा गया प्रश्न कमजोर रहा, जबकि प्रधानमन्त्री की पार्टी के चुनाव घोषणा पत्र में कीमतों को 100 दिनों में 1989 के स्तर पर लाने का वायदा पूरा करने के बारे में दो-टूक सवाल किया जा सकता था। इसका उत्तर ही शायद इस भेंटवार्ता की लीड बनता। इसी प्रकार देश में विदेशी पूँजी के खुले आमन्त्रण के सम्बन्ध में अगला सवाल यदि सीधे-सीधे पूछा जाता तो प्रधानमन्त्री के लिए उसका जवाब देना उतना आसान न होता जितनी आसानी से उन्होंने इसको निपटा दिया।

पाकिस्तान से सम्बन्धों पर पहले सवाल में संवाददाता ने समालाप्य की श्लाघा की। ऐसा करना कभी-कभी भेंटवार्ता को शुरू करने, उसे आगे बढ़ाने या उसकी लय बनाये रखने में सहायक होता है। इसलिए यह युक्ति पूर्णतया त्याज्य नहीं है। लेकिन इस भेंटवार्ता के जिस बिन्दु पर श्लाघा की गई वहाँ ऐसा करना आवश्यक नहीं था। इसका कोई लाभ भी अतिरिक्त जानकारी के रूप में नहीं हुआ, उलटे यह आभास मिला कि भेंटकर्ता समालाप्य की योग्यता का कायल है, उसकी ओर झुकाव रखता है। शायद

इसीलिए उसने परेशान करनेवाले सवाल नहीं पूछे।

शिवसेना नेता श्री बाल ठाकरे से किया गया समालाप (पृष्ठ 96) औसत से बेहतर है। इसमें उद्देश्य श्री ठाकरे के नाथूराम गोडसे सम्बन्धी कथन का स्पष्टीकरण पाना था। श्री ठाकरे को शिकायत थी कि उनके शब्दों को कुछ पत्रों ने गलत ढंग से पेश किया था और इस तरह शिवसेना भारतीय जनता पार्टी गठबन्धन की चुनाव सम्भावनाओं को प्रभावित करने का प्रयास किया गया था। इसलिए उन्होंने पत्रकारों से मिलना बन्द कर रखा था, मगर इस संवाददाता को भेंट दी।

भेंट से पूर्व समालाप्य और समालापक दोनों ही यह जानते थे कि बात श्री ठाकरे के उपरोक्त विवादास्पद कथन पर केन्द्रित होगी। लेकिन बात सीधे उससे शुरू करना भेंटवार्ता की सफलता के लिए खतरनाक होता, इसलिए संवाददाता ने श्री ठाकरे के चुनाव अभियान को मिले जन-समर्थन पर पहला सवाल करके अच्छी शुरुआत की। इससे शिवसेना नेता का वार्ताक्रम में उत्साहपूर्वक प्रवेश हुआ।

किन्तु दूसरे ही प्रश्न से विवाद की भँवर में दाखिल हो जाना संवाददाता की सही युक्ति नहीं थी, इसलिए उसे इस सवाल का अपेक्षित उत्तर नहीं मिल सका। साथ ही श्री ठाकरे मूल चर्चा से हट गए। इस पर संवाददाता ने उनकी वापसी का ठीक तरीका अपनाया। अपना आग्रह जारी रखकर उसने सही किया, लेकिन अगले सवाल को गलत तरीके से पेश करके उसने श्री ठाकरे को उग्र होने का मौका दे दिया। फलतः शिवसेना नेता यहाँ तक कह गए कि "आप मुझे कटघरे में खड़ा करने की कोशिश कर रहे हैं ?" "मुझसे राजनीतिक जिरह कर रहे हैं ?" याद रहे कि श्री ठाकरे खुद पत्रकार भी हैं, और उन्हें पता है कि जिरह करना भेंटवार्ता में जायज नहीं होता।

अगला प्रश्न, विशेषकर उसमें यह कथन कि "हम आपको अपनी बात के स्पष्टीकरण का मौका दे रहे हैं", और भी गलत था। इससे श्री ठाकरे और अधिक उग्र हो सके जो शायद वह शुरू से ही चाहते थे। संवाददाता ने उन्हें अपनी ओर से इसका मौका दे दिया। इसके कारण

श्री ठाकरे यहाँ तक कह सके कि "आप मुझसे वैसा व्यवहार कर रहे हैं जैसा वकील अपराधी से करता है।" वे साक्षात्कार को यहीं खत्म कर सकते थे, अगर नहीं कर सके तो इसलिए कि वे एक राजनीतिक नेता हैं और ऐसा करने का प्रतिकूल असर होने की सम्भावना को समझते हैं।

संवाददाता के इसके आगे के सवाल अच्छे रहे। उनका उत्तर भी उसे ठीक ही मिला, लेकिन इनसे उसका मूल उद्देश्य सिद्ध नहीं हो सका। वार्ता पर संवाददाता नहीं भेंटदाता हावी रहा। वह जितना और जैसा कहना चाहता था, कह गया। संवाददाता उससे अपनी इच्छानुसार कोई जानकारी नहीं निकलवा सका, न वार्ता को निर्देशित करने में सफल रहा।

वास्तव में विवादग्रस्त किन्तु होशियार राजनीतिज्ञों से भेंट करने के लिए काफी तैयारी और कौशल की आवश्यकता होती है। ऐसे लोगों के साथ समालाप तब लाभदायक होता है जब या तो इन्हें छेड़ा न जाए, या फिर बड़ी युक्ति से इन्हें नियन्त्रण में रखा जाए। यह विनम्रता और दृढ़ता के विवेकपूर्ण मिश्रण से किया जाना चाहिए।

श्री बाल ठाकरे के साथ भेंट के शुरू में ही यदि यह पूछा गया होता कि उनका कथित विवादपूर्ण कथन सचमुच क्या था जिसे लेकर राजनीतिक तूफान उठा है, तो शायद वह उसका विस्तार से उल्लेख करते और उसकी व्याख्या प्रस्तुत करते। चर्चा को आगे बढ़ाते हुए उनके वक्तव्य पर भारतीय जनता पार्टी के नेताओं की प्रतिक्रियाओं के सम्बन्ध में सवाल पूछे जाते तो उनका बेहतर जवाब मिलता। उस हालत में भी यदि श्री ठाकरे अनावश्यक उग्रता अख्तियार करने का प्रयास करते तो संवाददाता उनके पुराने कथनों का हवाला देते हुए दृढ़ता से सवाल पूछकर वार्ता को अपने नियन्त्रण में रख सकता था।

इस भेंटवार्ता को प्रश्नोत्तर शैली में प्रस्तुत किया जाना ठीक होता। विवदाग्रस्त लोगों से समालाप के लिए इस शैली का प्रयोग करना अच्छा रहता है क्योंकि इससे उनके साथ किसी प्रकार के विवाद में पड़ने से बचा जा सकता है। उल्लेखनीय है कि ठोस समाचार की शैली में लिखी भेंटवार्ता के दौरान की गई टिप्पणियों या चित्रणों से ये लोग नाहक विवाद खड़ा कर

INTERVIEW

'This election is not the final verdict'

Unlike in 1989, when it was flowers and frenzied crowds all the way for the latest messiah of the people, this election has been marked by both highs and lows for V P Singh. But the former prime minister feels the battle has been worth fighting. An interview the Janata Dal supremo gave during the final phase of his election tour

Smita Gupta

देते हैं।

अब लें पूर्व प्रधानमन्त्री श्री चन्द्रशेखर से उनके पदत्याग के बाद लिया गया साक्षात्कार (पृष्ठ 97)। यह एक साधारण साक्षात्कार है। इसमें संवाददाता की किसी असाधारण निपुणता का परिचय नहीं मिलता। फिर भी इस भेंटवार्ता से कुछ अच्छी जानकारी मिली जैसे; श्री चन्द्रशेखर का यह कहना कि राष्ट्रपति भवन ने अपनी (अर्थात् संवैधानिक) सीमाओं से बाहर जाकर शासन में रुचि ली। राष्ट्रपति भवन कई मामलों में अपने को दूर रख सकता था, मगर उसने इस सम्बन्ध में आवश्यक सावधानी नहीं बरती। पंजाब में चुनावों के स्थगन में मुख्य चुनाव आयुक्त की भूमिका की आलोचना, चुनाव के स्थगन के नतीजों पर गम्भीर आशंकाओं की अभिव्यक्ति, 'हम सब राष्ट्र के समक्ष उपस्थित चुनौतियों से जूझने के अयोग्य रहे' दोष की स्वीकारोक्ति, 'अपने को राष्ट्र का भाग्य निर्णायक समझनेवालों को इतिहास भावी पीढ़ियों के प्रति अपराधी मानेगा'—इस तरह के अर्थपूर्ण कथन इस साक्षात्कार में उभरकर सामने आए हैं। लेकिन इसका कारण साक्षात्कार की श्रेष्ठता नहीं बल्कि पूर्व प्रधानमन्त्री की अपनी ओर से बहुत कुछ कह डालने की उत्सुकता है।

जब भेंटदाता पूर्ण सहयोग करने को तत्पर हो तो अति साधारण सवालों से भी बढ़िया भेंटवार्ता बन जाती है। प्रस्तुत भेंटवार्ता इसका एक उदाहरण है। लेकिन साधारण सवालों का सही क्रम बनाए रखा जाए तो उससे भी कई बार असाधारण प्रश्न फूट पड़ते हैं। जैसे; इसी भेंटवार्ता में संवाददाता ने अल्पावधि प्रधानमन्त्री से, जिसको निकट भविष्य में फिर यह पद मिलने की सम्भावना नहीं है, यह रोचक सवाल किया—'क्या आप फिर प्रधानमन्त्री बनना चाहेंगे ?' जैसी कि अपेक्षा की जा सकती थी, इस अच्छे सवाल का जवाब भी अच्छा मिला।

'हाँ' या 'ना' उत्तरवाले सवाल पूछना कभी-कभी अच्छा होता है। ऊपर का प्रश्न उसका एक उदाहरण है। इसके 'हाँ' या 'ना' दोनों ही जवाबों का महत्त्व है, और यह उत्तर अपने आप में पूर्ण है। श्री चन्द्रशेखर 'हाँ' के आगे कुछ न कहते तो भी यह खबर के लिए काफी होता।

We had to take hard decisions: PM

और अब, एक व्यक्तित्व साक्षात्कार को देखें। यह प्रधानमन्त्री के सर्वोच्च शासकीय पद पर अपूर्वकल्पित परिस्थितियों में आरुढ़ उस व्यक्ति के साथ समालाप का विवरण है जिसके निजी जीवन के विकास पर पहले किसी ने जिज्ञासापूर्ण दृष्टि नहीं डाली थी। अतः पाठकों को (इस मामले में श्रोताओं को) यह बताना कि नये प्रधानमन्त्री की पारिवारिक और सामाजिक पृष्ठभूमि क्या है, उनका बचपन कैसा गुजरा, वे कैसे छात्र थे, उनकी रुचियाँ क्या रहीं और अब क्या हैं, उन्होंने क्या-क्या उपलब्धियाँ कीं, प्रधानमन्त्री पद के बारे में उनका क्या सोचना है, आदि किसी भी साक्षात्कार को रोचक बना देता है। इसके लिए काल-क्रम के अनुसार जीवन के विभिन्न पहलुओं पर ऐसे सवाल करने अच्छे होते हैं जो भेंटदाता की भूली स्मृतियों को ताजा करते जाएँ और वह इनसे स्पन्दित होता हुआ उन्हें निरूपित करता जाए।

एक वीडियो पत्रिका के लिए किए गए इस अत्यन्त सरल साक्षात्कार में प्रधानमन्त्री के व्यक्तित्व की पर्याप्त और रोचक जानकारी हासिल हुई। साक्षात्कार से पूर्व की गई तैयारी की झलक सवालों में मिलती है। जैसे; भेंटकर्ता ने यह जानकारी कर ली थी कि श्री नरसिम्हराव आन्ध्रप्रदेश के एक गाँव से हैं, उनके परिवार की सामाजिक स्थिति बहुत ऊँची नहीं तो कम भी नहीं थी, वे बहुभाषी हैं, और उनका स्वास्थ्य अच्छा नहीं रहता।

कुछ और तैयारी की होती तो संवाददाता श्री राव से शायद यह जानकारी भी पाता कि वे ज्ञानपीठ जैसे सर्वोच्च साहित्यिक पुरस्कार के विजेताओं के चयन की प्रक्रिया से वर्षों तक जुड़े रहे हैं। इस कार्य में उनके कैसे अनुभव रहे हैं ?

श्री नरसिम्हराव से यह भी पूछा जा सकता था कि उन्हें किन महान व्यक्तियों ने विशेष रूप से प्रेरित और प्रभावित किया है। आजकल वे किस प्रकार का अध्ययन करते हैं। काम के अतिरिक्त विश्राम का समय कैसे निकालते हैं और किस प्रकार का मनोरंजन उन्हें पसन्द है।

भेंटवार्ताओं की पठनीयता उनके विषय पर भी निर्भर होती है। यदि विषय नीरस हो तो भेंटवार्ता को खूब अच्छे ढंग से प्रस्तुत करने पर भी

उसे एक सीमा तक ही सरस बनाया जा सकता है। किन्तु विषय रोचक हो तो पाठक सहसा उसकी ओर आकर्षित हो जाता है। इसलिए जहाँ विषय के चयन की स्वतन्त्रता होती है वहाँ पत्रकार कभी-कभी कुछ ऐसे विषयों का चयन कर लेते हैं जिनमें उनकी अनूठी कल्पनाशीलता की झलक मिलती है। चमत्कारी तरुण क्रिकेट खिलाड़ी सचिन तेंदुलकर की माँ (पृष्ठ 102) से और लोकसभा के अवकाश प्राप्त मार्शल श्री सुखदेव (पृष्ठ 99) से किए गए समालाप ऐसे ही हैं। दोनों भेंटवार्ताएँ ऐसे असामान्य व्यक्तियों से की गई हैं जिनकी ओर आमतौर पर ध्यान नहीं जाता। इसलिए ये पहली दृष्टि में ही पाठक को अपनी ओर खींच लेती हैं।

ऐसी भेंटवार्ताओं में भेंटकर्ता को अतिरिक्त दक्षता और समझबूझ का परिचय देना होता है। लेकिन, शीर्षक से आकृष्ट हुआ पाठक यदि वार्ता से निकली जानकारी को अपना कुतूहल शान्त करने वाली नहीं पाता तो उसे घोर निराशा होती है। साथ ही उसके मस्तिष्क पर भेंटकर्ता की अच्छी छवि अंकित नहीं होती।

अब इन दोनों भेंटवार्ताओं को इन बातों के प्रकाश में देखा जाए। पहले श्री सुखदेव से की गई भेंट को लें। कितने लोग जानते हैं कि संसद के हर सदन का एक मार्शल होता है ? वह सदन में अध्यक्ष के आने की घोषणा करता है। हर समय अध्यक्ष के आसन के निकट उनके किसी भी आदेश के पालन के लिए सतर्क और सन्नद्ध खड़ा रहता है। कभी-कभी उसे 'माननीय सदस्यों' को अध्यक्ष के आदेश पर सदन से निकालने का अप्रिय कार्य तक करना पड़ता है। वह अनेक प्रकार के कार्यों में अध्यक्ष के निजी सहायक की तरह भी उनकी सहायता करता है। कभी-कभी वह उन्हें अनौपचारिक परामर्श तक देता है। निश्चय ही पाठक ऐसे व्यक्ति के विषय में जानना चाहेगा। इसलिए भेंटवार्ता के लिए श्री सुखदेव का नाम सोचना बड़ा कल्पनाशील कार्य था।

मगर स्पष्ट है कि सदन के मार्शल से भेंटवार्ता में कोई ठोस समाचार पाने की अपेक्षा नहीं की जा सकती। वह ससंद से जुड़े महत्त्वपूर्ण व्यक्तियों के व्यवहार, आचरण, वाक्-प्रवीणता, ज्ञान, विवेक, राजनीतिक विरोधियों

के साथ उनके सम्बन्धों, समय-समय पर उपस्थित हुए आकर्षक-विकर्षक प्रसंगों आदि के बारे में संस्मरण और धारणाएँ बता सकता है। अतः इस भेंटवार्ता में श्री सुखदेव से ऐसी ही बातें जानकर उन्हें रोचक तरीके से प्रस्तुत किया जाना चाहिए था। परन्तु इस भेंटवार्ता में जोर उस बात पर दिया गया है जिसके बारे में पाठक प्रायः पढ़ते और सुनते रहते हैं, अर्थात् संसद में शोर-शराबे और उत्तेजना की प्रवृत्ति में वृद्धि होना।

इस अनूठे पद से जुड़े व्यक्ति के साथ की गई एक अत्यन्त पठनीय बनने की महती सम्भावनावाली इस भेंटवार्ता को एक ठोस समाचार के रूप में पेश करके पहली गलती की गई है। दूसरे पैरा में श्री सुखदेव का कोई अविस्मरणीय संस्मरण देने के बजाए उनका वह मत दिया गया है जिसे अनगिनत लोग अभिव्यक्त करते रहे हैं। जवाहरलाल नेहरू और डॉक्टर श्यामाप्रसाद मुखर्जी के बीच झड़पों के बावजूद उनके मधुर व्यक्तिगत सम्बन्धों के विषय में अच्छी जानकारी श्री सुखदेव की स्मृतियों के कोष से निकलवाई जा सकती थी, किन्तु ऐसा नहीं किया जा सका। वैसे भी इस प्रकार का यह एकमात्र प्रकरण है जिसकी चर्चा इस भेंटवार्ता में की गई है, जबकि अधिसंख्य समालाप ऐसे मामलों के बारे में जानने के लिए होना चाहिए था। नेहरू-मुखर्जी प्रकरण का भी ऐसा कमजोर प्रस्तुतिकरण हुआ है कि वह पाठक पर कोई खास प्रभाव नहीं छोड़ सका।

पूर्व लोकसभाध्यक्ष श्री संजीव रेड्डी के बारे में श्री सुखदेव शायद यह बताना चाहते थे कि श्री रेड्डी कितनी समझदारी के साथ हंगामों की स्थितियों से निपट लेते थे, पर यह बात भी प्रभावी ढंग से उभारी नहीं जा सकी। इसी तरह मार्शल के कार्य का महत्त्व उजागर करनेवाली बातों के बजाए इस बात को महत्त्वपूर्ण समझा गया है कि श्री सुखदेव अध्यक्ष को फाइलें देने में कितने कुशल थे जो कि उनका मुख्य काम नहीं था।

लोकसभा के भूतपूर्व मार्शल को कैसी-कैसी अप्रिय स्थितियों का सामना करना पड़ा ? इनसे उसने कैसे निपटा ? उसका काम कितना रुचिकर या नीरस था ? नौकरी के दौरान हजारों घंटे पाँवों पर खड़े रहने के बाद अवकाश पाने पर उन्हें इस बारे में क्या महसूस हो रहा है ? किस

INTERVIEW/Bal Thackeray

Pawar can ditch Congress: Thackeray

THE ARCH-RIVALS: Bal Thackeray (left) and Sharad Pawar

Punjab poll postponement

Shekhar criticises role of President, Seshan

HT Correspondent

NEW DELHI, July 4

Former Prime Minister Chandra Shekhar has said the decision to postpone the polls in Punjab was "the worst decision that could have been taken and I think it will have its disastrous implications in the future. It was not just a decision to postpone the election, but it was a decision to shatter any hope of democratic process in Punjab."

He said "the Government, the President and the Election Commissioner" were involved. Speaking about Rashtrapati Bhavan, he said "Rashtrapati Bhavan went beyond its limitations. On many matters where Rashtrapati Bhavan could have kept itself aloof, they did not choose this rather cautious approach, they got involved unnecessarily."

Asked if he accepted the claim that the new Government was not involved in the decision, he said "why did Seshan not take this decision when I was there? I was the caretaker Government. If at that time Seshan did not act on his own I see no reason why Seshan got so bold as to act on his own when a regular Government with the mandate of the people is coming to power."

Referring to the initial functioning of the Narasimha Rao Government he said "the initial signs are not very happy ones."

Mr Chandra Shekhar said there had been no handing-over process between his government and the new Government. But, he added, "there should have been." Whilst indicating that in his time he had called upon Mr V. P. Singh and that in 1977 Mr Desai had called upon Mrs Gandhi, he added "but perhaps the incoming Prime Minister is more experienced so he does not need anybody's briefing. If Narasimha Rao does not call upon me should I go and offer myself that I have some suggestions to make to you? I think it will be expecting too much."

Speaking about his predecessors, Mr Chandra Shekhar frankly admitted "all of us have proved unequal to the challenges that were before the nation." He said he did not want to put this hypocrisy. The former Prime Minister said "the media, the literate sections of the society, the intellectuals, the intelligentsia, the journalists, the people who count are all equally guilty. So we should have to take the blame collectively."

CLEAR CONSCIENCE: Referring to himself and his role in Indian politics, the former Prime Minister declared: "If you should try to bring home the reality of life you become a non-person. I have faced this myself. I have not committed any crime. My conscience is clear. I have nothing to explain. But I know that my only crime is that I have been telling 'that you who feel that you are the arbiter of the destiny of the nation you are the guilty person of the country and not today but tomorrow history will judge you as persons who committed a crime against posterity, against the future of this country'."

Referring to his time in office, he said "when you compare (my time) with any four months of the 44 years that was better. Can I be more clear than this?" And he added "I am not being immodest. Immodesty is not my trait."

Referring to Mr V.P. Singh, he said "I have always been of the view that V. P. Singh does not understand what he is doing. He is not his own master. So why should I blame V. P. Singh?"

Speaking about the BJP, Mr Chandra Shekhar said "it is not my fear, it is my view, that if BJP comes to power there is no future for this country as a democratic nation."

Excerpts:

Q: About Punjab? We came right up to the threshold of an election, campaigning had stopped, the voting was going to begin almost in 24 hours and suddenly the exercise was postponed. How did you react?

A: I think this was the worst decision that could have been taken and I think it will have its disastrous implications in future. It was not just a mere decision to postpone the election but it was in a way a decision to shatter any hope of democratic process to be started in Punjab. I think it is very difficult for these sections of the Sikh community to keep the balance of their mind and they will feel frustrated and despaired and they may again take recourse to [illegible]ing elections but it was the question of maintaining law and order also. At 2 O'clock at night they take the decision without informing the Government. Whatever the Government was there at that time it was very indiscreet on their part to do this without informing the Government.

Q: The new Government insists that they were not consulted by Seshan when he took the Punjab decision. Are you doubtful about this?

A: I do not know. Seshan was not dreaming something. Why did Seshan not take this decision when I was there? I was the caretaker government. Seshan did not take decision as long as I was the Prime Minister. He had his doubts about the elections. The President returned back the ordinance telling that Assam and Punjab should be taken out from the election ordinance but nothing happened. If at that time Seshan did not act on his own I see no reason why Seshan was so bold enough to act on his own when a regular government with the mandate of the people was coming to power.

Q: There has also been a certain amount of speculation in the press about the role of Rashtrapati Bhawan.

A: I don't say that involved, but Rashtrapati Bhawan went beyond its limitations, that much I can say. On many matters where Rashtrapati Bhawan could have kept itself aloof, they did not choose this rather cautious approach, they got involved unnecessarily. I had no problem from them because everything that came from there I accepted it because I know that the country is in a crisis. I did not want to create another crisis. But many things could have been avoided, and controversies could have been raised if there would have been not enough restraint and concern from my side.

Q: What do you think is the cause of the collective national hypocrisy? This delusion with Indian grandeur.

A: What has been our role as rulers of this country? I am not talking of the citizens of this country. You may be great individuals, may be great persons in their own right, but collectively we cannot absolve ourselves of the responsibility that we have ignored the problems that are staring us in the face.

[illegible]

[illegible]try if you should try to bring home the reality of life you become a non-person, persona non-grata. I have faced myself this. I have not committed any crime, my conscience is clear. I have nothing to explain but I know that my only crime is that I have been telling that "you who feel that you are the arbiter of the destiny of this nation, you are the guilty persons of this country and not today, tomorrow history will judge you as person who committed crime against posterity, against the future of this country."

Q: Would you like to be Prime Minister again?

Q. Yes, of course, I shall do and I shall do better than anybody else. That much I am confident among the people who are today in this country. I have no doubts about it. I do not want to be so humble that I can't do it. I can do better than anybody I see round about.

Q: Was there any handing over process between your government and the new government? Was there any moment for you to brief them about the position of the country and the policies that you would have followed through?

A: There are certain things which are on files but there was no such attempt from the other side. I cannot go and offer on myself.

Q: Had there been an attempt do you think it would have been worthwhile?

A: It would have been worthwhile, it should have been. On the contrary I tell because it was customary that all outgoing Prime Minister is called upon by the incoming Prime Minister. But the incoming Prime Minister is more experienced. So he does not need anybody's briefings. What can I do about it? I called upon Vishwanath Pratap Singh. Morarji Desai called upon Mrs Indira Gandhi in 1977. But when Narasimha Rao does not call upon me should I go and offer myself that I have some suggestions to make to you? I think it will be expecting too much.

Q: Is he the loser by not having done so?

A: I told you that he is a more experienced man and he knows the economy and the situation in the country better than myself. So why should he ask me anything?

NEW DELHI, TUESDAY JULY 2 1991

Prime Ministership was unforeseen event: Rao

HT Correspondent

NEW DELHI, July 1

The Prime Minister was the best student in his school and always stood first. "I was the best student throughout. I was never second in my class, always first." Mr Narasimha Rao revealed this fact in his first interview since becoming Prime Minister given to Eyewitness, HTV's national videomagazine, for its July issue.

Speaking openly and at times humorously or with feeling about his personal life and views, the Prime Minister said that he came from a family of "village officers" from Andhra. "They hold a status in the village. This is about all. If you go higher up they do not have a high status but they have some respect."

Separated at the age of five from his parents he said, "I always felt the absence of the company of parents, particularly mother. I used to come for the vacation now and then but it was not the same as living with parents."

Mr Narasimha Rao, speaking for the first time about himself, said that mathematics was a passion but "I really have no scope for the passion now. . . .sometimes I miss it."

Watching tennis was another passion, he revealed. He said he prefered the touch-style tennis prevalent 30-40 years ago to the present power game.

Speaking about physical fitness, he said, "I have been physically fit all my life and I do not like people who make themselves physically less fit than they should be." Asked whether he would be able to keep this up after becoming Prime Minister he said that although it would take time because "for a little while things will be in disarray", he was determined "to return to some routine which may not be very rigorous but at the same time he would not like to give it (physical fitness) up altogether."

Mr Narasimha Rao said he uses computers frequently and has his own IBM machine as well as a separate laptop. When asked whether he was therefore one of Rajiv's computer boys, he laughed and said "you would have had to say Rajiv's computer old men."

The Prime Minister said he "used to have a good voice." "I used to actually attempt classical, but also light music and bhajans. I used to sing quite well."

Speaking more reflectively and introspectively about how he would describe himself he said "I am a person who is essentially private and not the person who wants to flaunt. . . and I would like to serve."

He said, he had decided not to contest the Lok Sabha elections because "I thought I have earned the right not to fight a direct election once again but maybe go to Rajya Sabha." "I thought it time I spent a little more time reading, writing and so on. . . and in any case the rough and tumble of direct elections, I had had enough."

CAREER'S CULMINATION: Mr Rao said he viewed the prime ministership as "the culmination of a career." "It is one of those unaccountable events that takes place in certain lives and this I thought is something which has come for reasons which none could have imagined, out of events which no one could have anticipated. So that element of the unforeseen was very much there on my mind when I reached this place."

But, the Prime Minister indicated that he did not believe in fate or destiny. "I don't make that classification of belief and disbelief. You are always getting certain things verified, confirmed in your life, which you thought were true. But at the same time in your life you are always getting certain other matters contradicted. So between belief and disbelief it is very difficult., because unless you have some kind of dogmatism it is very difficult to say this is it and this is final."

Excerpts:

Q: Would you say that you are from a feudal background in the Andhra context.

A: Well it all depends on what you mean by feudal. If you mean a family of people having some land, living on land and doing some duties as persons with a higher status in the village, so that is the kind of family. Feudal in the sense of having very large tracts of land, the small estates, the medium estates, that kind of family is not mine.

Q: Where did you go to school and would you have called yourself a good student?

A: I was quite a good student. In fact I was the best student throughout. I was never second in my class, always first.

Q: It is said by people who know you that mathematics is not just a subject, it is a hobby and a passion.

A: Well it was a passion, still is, but then I really have no scope for the passion now. I am engaged in a field which is so far removed from mathematics, sometimes I miss it, that's about it.

Q: Who are your favourite tennis players? Who are the ones when you watch a championship you are hoping will win?

A: Well that is very difficult to say because you see the old style and the new style, the styles are changing from time to time. I enjoy all the styles. The thing is that it has become too much of a power game. The skill there used to be about 30-40 years ago, 30 years ago, the old stalwarts like Henry Kochet and so on I used to like them very much in those days. Now it's power tennis, it's power tennis and you can't help it.

Q: How many languages do you speak? And how is it that you speak so many?

A: Not so many. People have been vying with each other in adding languages they think I speak. It is not like that. You see I came from a state where five languages, the old Hyderabad state, where five languages normally could be expected to be learnt by people, you expect people to know them. Some smattering may be. It was a trilingual state: Telugu, Marathi and Kannada. Then we had Urdu as the official language. Then we have Hindi Prachar Sabh[illegible] teaching Hindi and then you have English and that makes six. I can understand, say, Gujarati, may be about 90 per cent, but I cannot speak. Among the foreign languages somehow I felt that Spanish is easier to learn than the others and someone said it is something worth learning. So I learnt Spanish.

Q: Let me ask you a question about yourself. How would you describe yourself to someone who came and wanted to write your biography? What would be your own description?

A: I do not know. I couldn't. Well I do try sometimes to analyse myself to understand myself and I make an effort. I feel that I am a person who is essentially private and not the person who wants to flaunt. Nothing wrong in doing that but I am just telling you my nature as I have found it. And I would like to serve, that's another passion if you want to know.

Q: Do you make friends easily? Do you have lots of friends?

A: I think so, I am not so repellent.

Q: There has been a lot of speculation about your health in the papers and I know from press reports that you were hesitant to contest the elections. Did you think twice before you accepted the prime ministership?

A: There again, you see, you have to understand it in the right perspective. Starting from '52, I have participated in all direct elections until this one. So I thought I have earned the right not to fight a direct election once again but may be going to Rajya Sabha. This was at the back of my mind. I thought it is time that I spent little more time reading, writing and so on and in any case the rough and tumble of direct elections, I'd had enough. I'd seen so much of it. So I thought I wanted a change.

Q: When you realised you were going to be the next Prime Minister of India, what did it mean to someone who had been in politics for 50 years and I imagine for every politician, naturally and understandably, aspires to the top job. So in personal terms what did it mean for you?

A: Well it meant the culmination of a career, the last part of a career which I had not really taken as a career. It's one of those unaccountable events that takes place in certain lives and this I thought is something which has come for reasons which no one could have imagined, out of events which no one could have anticipated. So that element of the unforeseen was very much there on my mind when I reached this place.

Q: Do you believe in fate or destiny?

A: You see I don't make that classification of belief and disbelief. You are always getting certain things verified, confirmed in your life, which you thought were true but at the same time in your life you are always getting certain other matters contradicted. You thought this is going to happen, it doesn't happen. You thought it is right, it is not right, it turns out to be something else. So between belief and disbelief it is very difficult because unless you have some kind of dogmatism it is very difficult to say this is it and this is final. I never said that.

मार्शल सुखदेव ने कहा-

उत्तेजना एवं शोर-शराबे की प्रवृत्ति बढ़ी

साक्षात्कार

अध्यक्ष से उनका कैसा अनुभव रहा है ? इस प्रकार की अनेक बातों को मनोहारी ढंग से प्रस्तुत करके इस भेंटवार्ता को अत्यन्त रोमांचक बनाया जा सकता था। किन्तु यह समालाप इसमें नितान्त विफल रहा।

इसके अलावा भेंटकर्ता कई बातें इतनी असावधानी से लिख गया है कि उनसे अर्थ का अनर्थ हो गया है। जैसे, श्री सुखदेव के पूर्व लोकसभा अध्यक्ष श्री बलराम जाखड़ के साथ दस वर्ष तक काम करने के उल्लेख के साथ संसद के स्तर को ऊँचा उठाने की उनकी इच्छा का जिक्र किया गया है। इसका यह अर्थ निकाला जा सकता है कि श्री जाखड़ के कार्यकाल में संसद की परम्पराओं को कायम नहीं रखा जा सका था और सदन का स्तर ऊँचा नहीं रहा। इसलिए श्री सुखदेव की हार्दिक इच्छा है कि इसे सुधारा जाए।

इतने मनोरंजक और बढ़िया विषय पर साक्षात्कार न उस तरह किया जाना चाहिए और न उसे इस तरह लिखा जाना चाहिए जिस तरह प्रस्तुत साक्षात्कार में किया गया है। सम्पादन की दृष्टि से भी इस भेंटवार्ता का प्रस्तुतिकरण दोषपूर्ण है क्योंकि इसमें लोकसभा के मार्शल को इस तरह सम्बोधित किया गया है मानो वह कोई फौजी पदधारी हो, जैसे, जनरल क, कर्नल ख, मेजर ग, आदि। सही यह है कि संसदीय मार्शलों के नाम के आगे मार्शल नहीं लिखा जाता है।

अब दूसरा साक्षात्कार लें। अपने पुत्र की चमत्कारी सफलताओं पर किस माँ को गर्व नहीं होता ! बच्चों की उपलब्धियों में माँ से मिले संस्कारों का भी तो कम योगदान नहीं रहता। फिर भी सफल बच्चों की माताओं के साथ साक्षात्कार समाचारपत्रों में विरले ही देखने को मिलते हैं। पिता से भेंटवार्ताएँ तो की जाती हैं किन्तु माँ से बात करने की कोशिश अखबार अक्सर नहीं करते। इस दृष्टि से सचिन तेंदुलकर की माँ से भेंटवार्ता करने का विचार उपयुक्त और सराहनीय था।

इस साक्षात्कार का प्रस्तुतिकरण शुरू में प्रभावी है। इसमें बेटे की कीर्ति पर माँ का आह्लाद और फ़ख्र का भाव और बेटे के नाम के साथ अपनी नई पहचान बनने की आनन्दानुभूति मुखरित हुई है। सचिन के

वर्तमान की जानकारी मिलती है। उसे सफलता की ओर ले जाने में भाई की प्रेरणा और प्रयासों का पता चलता है। अच्छे और विख्यात खिलाड़ियों की माँ को क्रिकेट का ज्ञान न होने का विरोधाभास प्रकट होता है। परिवार में बच्चे की सफलता से किसी प्रकार का अहंकार न आने का मंगल पक्ष उजागर होता है। सचिन के अन्य परिजनों का परिचय मिलता है।

इसमें सारी बातें माँ के मुँह से कहलाने की अच्छी शैली अपनाई गई है। संवाददाता ने अपनी ओर से कोई टिप्पणी, व्याख्या या विवरण नहीं किया। इससे माँ के भावावेगों की अभिव्यक्ति को अविरल प्रवाह मिला है।

उपरोक्त सब कारणों से यह एक अच्छा साक्षात्कार है, फिर भी इसे उत्तम नहीं कहा जा सकता क्योंकि इसमें कई कमियाँ रह गई हैं। यथा, जो सवाल स्वयं सचिन की माँ ने बताए हैं उनका उत्तर उनसे नहीं दिलाया गया। सचिन का बचपन कैसा था ? क्या उसने बाल अवस्था में ही महान बनने का कोई सबूत दिया था ? क्या वह बाकी बच्चों से अलग था ? क्या माँ ने उसे कभी खेलने से रोका ? इन सब अन्तरंग बातों का उत्तर माँ नहीं तो और कौन दे सकता है ! सचिन के व्यक्तित्व के निर्माण और सफलता के रहस्य को जानने के लिए इन प्रश्नों का उत्तर जरूरी था। इनके जवाब देने के बजाए साक्षात्कार में माँ ने सचिन के दूसरे भाई अजीत की लम्बी चर्चा की है। सबसे बड़े भाई और पिता का उल्लेख सरसरी तौर पर किया गया है। खुद माँ का कोई खास परिचय और बेटे के निर्माण में उसकी भूमिका की जानकारी इस भेंटवार्ता में नहीं मिलती। माता-पिता के नाम तक नहीं बताए गए। लेखन में क्रम का ध्यान नहीं रखा गया है। आलेख की संरचना अन्य कारणों से भी दोषपूर्ण है। फिर भी कुल मिलाकर यह एक प्रशंसनीय भेंटवार्ता है।

उसे फ़ख़्र है कि वह सचिन की माँ है

6
प्रेस कान्फ्रेंस

समाचार के सहज स्रोतों में प्रेस कान्फ्रेंस (प्रेस-प्रतिनिधि सम्मेलन) का प्रमुख स्थान है। यह स्रोत इसलिए सहज है क्योंकि समाचार का सूत्र स्वयं या अपने अधिकर्ता के माध्यम से अथवा किसी संगठन की ओर से जानकारी देने के लिए इसका आयोजन करता है। संवाददाता द्वारा समाचारों के पीछे भागने की सामान्य क्रिया के विपरीत इसमें सूत्र स्वयं उसके पास पहुँचता है। किन्तु, विज्ञप्तियों और वक्तव्यों की तरह इससे संवादहीन एकतरफा संचार नहीं होता बल्कि वह जीवन्त संचार का माध्यम है, इसलिए अधिक प्रभावकारी एवं विश्वसनीय होता है। चूँकि इसमें सूत्र और संवाददाता के बीच दोतरफा संचार से समाचार निःसृत होता है इसलिए समाचार पाने की इस प्रक्रिया का पत्रकारिता में विशेष महत्त्व है।

किसी भी स्तर पर या क्षेत्र में समाचार संकलन का कार्य करनेवाले हर संवाददाता को प्रेस कान्फ्रेंसों की रपटें देनी होती हैं। यह उसके काम का आवश्यक अंग है। अधिसंख्य संवाददाता अपने पत्रकार-जीवन के प्रारम्भ से लेकर अन्त तक प्रेस कान्फ्रेंसों की रिपोर्टिंग करते रहते हैं। नौसिखिया रिपोर्टर से लेकर अनुभवी विशेष संवाददाता बनने तक संवाददाता यह कार्य करता है, फिर भी प्रायः देखा जाता है कि लम्बे अनुभव के बावजूद अनेक संवाददाता न केवल स्वयं प्रेस कान्फ्रेंसों में सही भूमिका निभाने में विफल रहते हैं अपितु अन्य पत्रकारों के प्रयासों पर भी पानी फेर देते हैं। इसका कारण उन्हें प्रेस कान्फ्रेंस के सही तरीकों का ज्ञान न होना और इन तरीकों को जानने की उनके द्वारा कोशिश न किया जाना है। कुछ संवाददाता तो यह महसूस तक नहीं करते कि प्रेस कान्फ्रेंस को कवर करने का कोई तरीका भी है।

जिस प्रकार भेंटवार्ता एक कला है उसी तरह प्रेस कान्फ्रेंस एक कौशल है। इसे प्राप्त किए बिना सुयोग्य संवाददाता नहीं बना जा सकता है। अन्तर केवल यह है कि जहाँ भेंटवार्ता में अन्तिम निष्पत्ति एक संवाददाता (या कभी-कभी दो-चार संवाददाताओं) पर निर्भर होती है, प्रेस कान्फ्रेंस में यह उसमें भाग लेनेवाले दर्जनों संवाददाताओं के कुशल-अकुशल ढंग से प्रभावित होती है।

प्रेस कान्फ्रेंस एक प्रकार की सामूहिक भेंटवार्ता है। इसके भी कुछ आवश्यक नियम हैं जिनका सामूहिक पालन इसकी सफलता के लिए अनिवार्य है। इसलिए जरूरी है कि प्रत्येक संवाददाता प्रेस कान्फ्रेंस के सही तरीके और नियम जाने तथा प्रेस कान्फ्रेंस के दौरान उन्हें अपनाए।

तैयारी

तैयारी का जो नियम भेंटवार्ता के लिए है वही प्रेस कान्फ्रेंस पर भी लागू होता है। प्रेस कान्फ्रेंस का निमन्त्रण मिलने पर संवाददाता को सबसे पहले यह जानना चाहिए कि वह किस विषय पर और किस प्रयोजन से ली जा रही है। मान लीजिए, संसद या विधानसभा में बजट पेश किए जाने के

बाद वित्त सचिव ने उसकी विशिष्ट बातें समझाने और स्पष्टीकरण के लिए प्रेस कान्फ्रेंस बुलाई है। स्पष्ट है कि वह आपको यह बताना चाहेगा कि बजट के विभिन्न प्रावधान लोक-कल्याणकारी हैं। इसमें जनसामान्य की स्थिति सुधारने के लिए अनेक नई योजनाएँ समाहित की गई हैं। पिछले वर्ष की तुलना में इस साल विभिन्न क्षेत्रों, यथा; शिक्षा, जनस्वास्थ्य, जलापूर्ति, कृषि, मलिन बस्ती सुधार आदि के लिए अधिक धन की व्यवस्था की गई है। इसके साथ ही वह यह भी कहना चाहेगा कि वित्तमन्त्री ने जो करोड़ों रुपए के नये कर और शुल्क लगाए हैं, उनका आम लोगों पर नगण्य-सा असर पड़ेगा।

इस प्रेस कान्फ्रेंस में जाने से पहले आप को बजट का पूरा अध्ययन कर लेना चाहिए। यह अध्ययन मात्र इस वर्ष के बजट-दस्तावेजों को पढ़ लेने से पूरा नहीं होगा, बल्कि आपको पिछले साल के बजट प्रावधानों पर भी नजर डालनी होगी ताकि आप यह जान सकें कि उनकी तुलना में इस वर्ष के बजट में कितना और कितने प्रतिशत ज्यादा या कम धन रखा गया है। जो लक्ष्य गत वर्ष के बजट में निर्धारित किए गए थे वे किस मात्रा में प्राप्त किए जा सके हैं। अपने बजट भाषण में वित्तमन्त्री ने टैक्सों और शुल्कों में वृद्धि का जो औचित्य जताया है वह पूर्व बजटों में किए गए ऐसे दावों के प्रकाश में कितने स्वीकार करने लायक हैं। इस बजट में किसी नये आर्थिक-दर्शन या दिशा की झलक मिलती है या यह एक मुनीम का जमा-खर्च भर है।

यदि आपने यह तैयारी कर ली तो फिर वित्त सचिव के यह कहने पर कि कृषि पर पिछले साल की तुलना में पचास करोड़ रुपए का अधिक प्रावधान किया गया है, जबकि आपने अपने अध्ययन से पाया कि एक साल पहले की तुलना में यह वृद्धि कुल बजट के प्रतिशत के आधार पर कम है, तो आप उससे पूछ सकेंगे कि क्या वास्तव में इस साल कृषि पर कम ध्यान नहीं दिया गया है ?

इस तरह जब वित्त सचिव यह दावा करें कि करों-शुल्कों में की जा रही बढ़ोत्तरी से आवश्यक वस्तुओं की कीमतों में मात्र आधा प्रतिशत वृद्धि

होगी तो आप उससे यह बताने को कह सकते हैं कि दो वर्ष पूर्व लगाए गए टैक्सों के फलस्वरूप कीमतें कितने प्रतिशत बढ़ी थीं। यदि वित्त सचिव इसका कोई आँकड़ा दें तो उसे वित्त मन्त्री द्वारा उस समय मूल्यवृद्धि न होने देने के आश्वासन का हवाला देते हुए अगला सवाल पूछकर आप मौजूदा दावे की असलियत उजागर कर सकते हैं।

यदि आपने इस वर्ष के और पिछले वर्षों के बजट का अध्ययन नहीं किया होगा तो आप न तो बजट की बारीकियों को समझ सकेंगे और न ही वित्त सचिव से ऐसे सवाल कर सकेंगे जिनसे आपको अच्छी कापी मिले। इसलिए संवाददाता को प्रेस कान्फ्रेंस में जाने से पहले विषय से सम्बद्ध दस्तावेजों, सन्दर्भ-ग्रन्थों, कतरनों की फाइलों आदि को देख लेना चाहिए। इस मामले में संवाददाता की तैयारी प्रेस कान्फ्रेंस को सम्बोधित करनेवाले व्यक्ति की तैयारी से कम नहीं बल्कि यथासम्भव ज्यादा होनी चाहिए।

विषय के अलावा प्रेस कान्फ्रेंस बुलानेवाले व्यक्ति और उसके संगठन-संस्था-संस्थान के बारे में सम्पूर्ण जानकारी एकत्र करने का प्रयास करना चाहिए। मान लीजिए कि किसी राजनीतिक दल के अध्यक्ष ने प्रेस कान्फ्रेंस बुलाई है। आपको इस नेता के दल की नीतियों, विशेषकर जिस विषय में वह कहने जा रहा हो उसके बारे में नीतियों और पिछली घोषणाओं का पता रहना चाहिए। साथ ही यह भी मोलूम होना चाहिए कि पार्टी अध्यक्ष इस विषय पर पहले क्या क़ह चुके हैं। इसके अतिरिक्त उसके व्यक्तित्व, स्वभाव, रुचियों, तौर-तरीकों उसकी सामाजिक, आर्थिक और शैक्षिक पृष्ठभूमि आदि का ज्ञान भी आपको होना चाहिए।

अगर आपने दोनों ही प्रकार की अच्छी तैयारी कर ली तो आप प्रेस कान्फ्रेंस को सम्बोधित करनेवाले वक्ता से स्पष्ट, पैने, अर्थपूर्ण और खोजी सवाल कर सकेंगे। जो संवाददाता प्रेस कान्फ्रेंसों में पूरी तैयारी करके जाते हैं वही यथार्थ जानकारी पाने के लिए उपयोगी भूमिका निभा पाते हैं। प्रेस कान्फ्रेंसों में छाए रहते हैं। इन्हीं की वजह से प्रेस कान्फ्रेंस सफल होती है। जो तैयारी करके नहीं जाते वे गलत सवाल पूछकर बनते समाचार को भी बिगाड़ देते हैं।

कहाँ बैठें ?

लेकिन, इस सारी तैयारी के बावजूद यदि आपको प्रश्न पूछने का अवसर न मिले या आप सवालों और उनके जवाबों को ठीक-ठीक सुन न सकें तो सब बेकार होगा। इसलिए आपको ऐसे स्थान का चयन करना चाहिए जहाँ से वक्ता आपको देख सके। यदि आप ऐसे स्थान पर बैठ गए जहाँ से वक्ता की नजर आप पर नहीं पड़ती तो आप सही क्षण पर सही सवाल पूछने से वंचित रह सकते हैं। इसलिए प्रेस कान्फ्रेंस में तैयारी करके जानेवाले संवाददाता को समय से पहले पहुँचकर बैठने का उपयुक्त स्थान ले लेना चाहिए। यह स्थान छाया चित्रकारों और टी.वी. कैमरामैनों के निकट नहीं हो, क्योंकि उनके झुरमुट के बीच से वक्ता द्वारा आपको देख पाना शायद कठिन होगा। ऐसी जगह पर भी न बैठें जहाँ से आप साफ-साफ सुन न सकें। भीड़भाड़ वाले प्रेस-प्रतिनिधि-सम्मेलनों में इन बातों का विशेष रूप से ध्यान रखना चाहिए।

सवाल कैसे करें ?

अधिसंख्य वक्ता प्रेस कान्फ्रेंस के आरम्भ में अपना मन्तव्य लिखित वक्तव्य के रूप में वितरित करते हैं। इसे सावधानी से पढ़िए और इसकी मुख्य बातों पर अपने पूर्व अध्ययन के आधार पर मन-ही-मन सवाल तैयार करिए। कुछ लोग इस लिखित वक्तव्य के बावजूद प्रारम्भ में या तो इसी को पढ़ते हैं या इसके अतिरिक्त कुछ बातें कहते हैं। इन्हें भी ध्यान से नोट करना चाहिए क्योंकि प्रायः पहला सवाल इन्हीं में से निकलता है।

यदि वक्तव्य कई विषयों पर हो तो एक विषय पूरा हो जाने के बाद ही दूसरे विषय पर सवाल पूछे जाने चाहिए। जो संवाददाता अपना कोई भी सवाल पूछ डालने के उतावलेपन में किसी और विषय का सवाल लेकर कूद पड़ते हैं वे अक्सर अपने को और अन्य सब संवाददाताओं को विवेचनाधीन विषयों पर अच्छी जानकारी पाने से वंचित कर देते हैं। इसलिए, अपने सवाल का विषय आने तक प्रतीक्षा करिए। हाँ, अगर यह

लगे कि कम महत्त्वपूर्ण विषय पर अधिक सवाल पूछे जा रहे हैं और उस विषय पर कोई महत्त्वपूर्ण बात नहीं निकल पा रही है तो आप विषय परिवर्तित करनेवाला अपना प्रश्न कर सकते हैं।

लेकिन, प्रेस कान्फ्रेंस में संवाददाता को अपने पूर्वकल्पित सवाल ही नहीं पूछने चाहिए बल्कि दूसरों के सवालों को आगे बढ़ाते हुए प्रासंगिक पूरक प्रश्न करने चाहिए। याद रखिए, वही प्रेस कान्फ्रेंस सफल होती है जिसमें संवाददाता एक दूसरे के पूरक बनकर प्रश्न पूछते हैं। किसी भी संवाददाता को खुद ही सारे सवाल कर डालने की कोशिश नहीं करनी चाहिए, न ही अपने सवालों के सारे पूरक प्रश्न खुद ही पूछने का आग्रह करना चाहिए। हो सकता है कि उसके प्रश्न का बेहतर अनुवर्तन कोई और संवाददाता अपने सवाल से कर सके। फिर, एक ही व्यक्ति द्वारा सवाल करते रहने की उत्सुकता को न तो वक्ता पसन्द करता है, न सहयोगी पत्रकार ही।

प्रेस कान्फ्रेंस में वक्ता का उद्देश्य उतनी ही जानकारी देना होता है जो वह देना चाहता है। किन्तु, संवाददाता का लक्ष्य विचाराधीन विषय पर वह जानकारी पाना होना चाहिए जो पाठक को मिलनी चाहिए। इसलिए वक्ता के कथनों को ही समाचार के लिए पर्याप्त न मान लें। अतः अधिकाधिक अतिरिक्त जानकारी पाने के लिए सवाल पूछिए। यह जानकारी तब मिल सकेगी जब संवाददाता संक्षिप्त और सीधे प्रश्न पूछे। लम्बी भूमिकाओं वाले सवाल किए तो शायद साफ और सही उत्तर नहीं मिल सकेगा। प्रेस कान्फ्रेंस सही जानकारी पाने के लिए वक्ता को कुरेदने का अच्छा अवसर प्रदान करती है किन्तु न तो लम्बी-चौड़ी भूमिकाओं वाले और न 'हाँ' या 'ना' में जवाब दिए जा सकनेवाले सवालों से ऐसा किया जा सकता है।

सवाल पूछते समय इस बात की चिन्ता न करें कि वक्ता को उससे कितनी परेशानी होगी। किन्तु उसे परेशान करने के उद्देश्य मात्र से प्रश्न न करें। स्मरण रहे कि संवाददाता का लक्ष्य वक्ता से जानकारी निकलवाना है, उससे वाक्-द्वन्द्व करना नहीं है। इसलिए बहस न करें। न ही वक्ता

को उसके कथनों की सत्यता पर चुनौती दें। प्रश्न करते हुए अपना मत व्यक्त न करें। न ही उत्तर का सुझाव सवाल में दें। आप वक्ता के सलाहकार या रक्षक नहीं हैं, ऐसे विशुद्ध पत्रकार हैं जिसका काम यथाश्रुत रिपोर्ट करना है। वक्ता को बीच में काटिये नहीं, उसे अपनी बात पूरी करने दें। जवाब पूरा होने के बाद ही अगला सवाल किया जाना चाहिए।

कई संवाददाता प्रेस कान्फ्रेंस के दौरान सहयोगी पत्रकारों के सवालों की काट करने या उनमें संशोधन करने की कोशिश करते हैं, यह तरीका गलत है। यदि आप सहयोगी के सवाल से सहमत न हों तो भी उसे टोकने का हक आपको नहीं है। कौन-सा प्रश्न किया जाए और कैसे किया जाए, इसका निर्णय करने का अधिकार किसी दूसरे संवाददाता को नहीं होता जब तक कि प्रेस कान्फ्रेंस का संचालन स्वयं पत्रकारों का ही कोई प्रतिनिधि न कर रहा हो, जैसा कि प्रेस क्लबों द्वारा आयोजित प्रेस कान्फ्रेंसों में होता है। सवाल चाहे जितना पैना और वक्ता के लिए परेशानी पैदा करनेवाला हो उसकी भाषा संयत और शालीन होनी चाहिए। वक्ता पर कटाक्ष कदापि न करें। फब्तियाँ कतई न कसें।

केवल प्रश्न पूछने की व्यग्रता में न रहें, दूसरों द्वारा पूछे गए सवालों का जवाब ध्यान से सुनें और नोट करें। कई संवाददाता प्रेस कान्फ्रेंस में कही गई महत्त्वपूर्ण बातों को लिखने में इसलिए चूक जाते हैं क्योंकि वे दूसरे संवाददाताओं द्वारा पूछे गए प्रश्नों को कम महत्त्व देते हैं और उनके जवाबों को ध्यान से नहीं सुनते।

यह कोशिश न कीजिए कि आपके द्वारा पूछे गए सवाल पर ही प्रेस कान्फ्रेंस की 'लीड' बने। इस कोशिश में आप सारी प्रेस कान्फ्रेंस को बिगाड़ दे सकते हैं। सवाल चाहे कोई पूछे जवाब में जो बात सबसे महत्त्वपूर्ण या सर्वाधिक रोचक होगी, 'लीड' उसी पर बनेगी। यदि किसी अन्य संवाददाता के सवाल में से 'लीड' की खबर निकलती दिखे तो उसे अपने पूरक प्रश्नों का सहारा देकर इसे निकलवाने का प्रयास करें।

प्रेस कान्फ्रेंस के लिए तैयारी, प्रश्न पूछने का ढंग, नोट लेने का तरीका,

लेखन-विधि आदि बहुत-कुछ भेंटवार्ता के समान होती है, इसलिए इनका और विस्तार से उल्लेख करना यहाँ आवश्यक नहीं है। फिर भी, इतना कहना उचित होगा कि प्रेस कान्फ्रेंस एक सामूहिक प्रक्रिया है। इसे सफल बनाने की जिम्मेदारी भी उसमें भाग लेनेवाले सब संवाददाताओं की सामूहिक होती है और इसमें से निकले तथ्यों पर अधिकार भी उन सब का साझा होता है।

सवाल पूछते समय इस बात की चिन्ता न करें कि वक्ता को उससे कितनी परेशानी होगी। किन्तु उसे परेशान करने के उद्देश्य मात्र से प्रश्न न करें। स्मरण रहे कि संवाददाता का लक्ष्य वक्ता से जानकारी निकलवाना है, उससे वाक्-द्वन्द्व करना नहीं है। इसलिए बहस न करें। न ही वक्ता को उसके कथनों की सत्यता पर चुनौती दें। प्रश्न करते हुए अपना मत व्यक्त न करें। न ही उत्तर का सुझाव सवाल में दें। आप वक्ता के सलाहकार या रक्षक नहीं हैं, ऐसे विशुद्ध पत्रकार हैं जिसका काम यथाश्रुत रिपोर्ट करना है।

सन्दर्भ-ग्रन्थ

1. संवाद कला : श्री अभिराम झा, अभिराम प्रकाशन, पटना।
2. भारतीय पत्रकार कला : रोलैंड ई. बूल्सले, ज्ञानमंडल, वाराणसी।
3. संवाद और संवाददाता : राजेन्द्र, हरियाणा साहित्य अकादमी, चंडीगढ़।
4. समाचार संकलन और लेखन : डॉ. नन्दकिशोर त्रिखा, हिन्दी-समिति, उत्तर प्रदेश शासन, लखनऊ।
5. सम्पूर्ण पत्रकारिता : हेरम्ब मिश्र
6. समाचार पत्र : एम. चैलापति राव, नेशनल बुक ट्रस्ट, नई दिल्ली।
7. पत्रकारिता के मूल सिद्धान्त : डॉ. श्रीपाल शर्मा
8. संवाददाता : सत्ता और महत्ता : हेरम्ब मिश्र

9. प्रेस-विधि : डॉ. नन्दकिशोर त्रिखा, विश्वविद्यालय प्रकाशन, चौक, वाराणसी।

10. पत्रकारिता में अनुवाद की समस्याएँ : डॉ. भोलानाथ तिवारी और जितेन्द्र गुप्त

11. The professional Journalist : John Hohen berg, Henry Holt and Co., New York.

12. The Practice of Journalism : John Dodge & George Viner, Heinemann, London.

13. The Active Reporter : Jack Lewis, Vikas Publications, New Delhi.

14. The Complete Journalism : F.J. Mansfield, Sir Isaac Patman & Co., London.

15. Journalism : David Wainwright, Rupa & Co., New Delhi.

16. The Professional Journalist : John Hohenberg, Oxford and I.B.H. Publishing Co., New Delhi.

17. Newspaper Reporting : Grant Milnor Hyde, Prentice Hall, New Delhi.

18. The Modern Reporter's Handbook : John Paul Jones, Rinehart & Co., New York.

19. Modern News Reporting : Carl H. Warren.